CATALOGUE

D'ESTAMPES

HISTORIQUES ET TOPOGRAPHIQUES

SUR PARIS ET LA FRANCE

ET

UN GRAND NOMBRE DE PORTRAITS

DE PERSONNAGES FRANÇAIS

DEPUIS LE RÈGNE DE HENRI III JUSQU'A NOS JOURS

Provenant de la Collection de M. P. D.

2e VENTE

HOTEL DES COMMISSAIRES-PRISEURS

Rue Drouot, n° 5

Salle n. 3

Le Lundi 4 avril 1859 et les quatre jours suivants.

Par le ministère de Me **DELBERGUE-CORMONT**, Cre-Priseur,
rue de Provence, 8

Assisté de **M. CLEMENT**, marchand d'Estampes, rue des
Saints-Pères, 3,

CHEZ LESQUELS SE DISTRIBUE LE CATALOGUE.

EXPOSITION PUBLIQUE

Le Dimanche 3 avril de 1 heure à cinq.

—

1859

CATALOGUE

D'ESTAMPES

HISTORIQUES ET TOPOGRAPHIQUES

SUR PARIS ET LA FRANCE

ET

UN GRAND NOMBRE DE PORTRAITS

DE PERSONNAGES FRANÇAIS

DEPUIS LE RÈGNE DE HENRI III JULQU'A NOS JOURS

Provenant de la Collection de M. P. D.

2ᵉ VENTE

HOTEL DES COMMISSAIRES-PRISEURS

Rue Drouot, n° 5

Salle n. 3

Le Lundi 4 avril et les quatre jours suivants.

Par le ministère de Mᵉ **DELBERGUE-CORMONT**, Cʳᵉ-Priseur,
rue de Provence, 8

Assisté de M. **CLÉMENT**, marchand d'Estampes, rue des
Saints-Pères, 3,

CHEZ LESQUELS SE DISTRIBUE LE CATALOGUE.

EXPOSITION PUBLIQUE

Le Dimanche 3 avril de 1 heure à cinq.

—

1859

ORDRE DE VACATIONS.

PREMIÈRE VACATION. — *Lundi 4 avril.*

Vues de France. . . . . Nᵒ	88 à	129 bis.
Plans et vues de Paris.	1 à	87
Estampes historiques de 1550		
à 1750.	130 à	208

DEUXIÈME VACATION. — *Mardi 5 avril.*

Estampes historiques de 1750		
à 1820. . . . . Nᵒ	209 à	261
Sur les jésuites et le diacre		
Paris.	262 à	269
Aréostat.	270 à	276
Costumes, mœurs, etc.	277 à	339
Portraits, règnes d'Henri IV et		
Louis XIII.	340 à	441

TROISIÈME VACATION. — *Mercredi 6 avril.*

Portraits, règne de Louis XIV. Nᵒ	520 à	670 bis.
Règne de Louis 13.	442 à	519

QUATRIÈME VACATION. — *Jeudi 7 avril.*

Criminels, et portraits étran-		
gers. . . . . Nᵒ	1018 à	1061
Règnes de Louis XIV.	770 à	787
Supplément.	1088 à	1115
Costumes et acteurs.	974 à	1017

CINQUIÈME VACATION. — *Vendredi 8 avril.*

Règne de Louis XIV. . . . . . Nᵒ	671 à	769
Louis XV, Louis XVI, la Ré-		
publique et l'Empire. . . .	788 à	973
Dessins.	1062 à	1087

Les articles où se trouvent plusieurs estampes pourront être divisés.

M. CLEMENT, expert dirigeant la vente, se charge des commissions.

Il sera perçu 5 pour cent en sus des enchères.

DÉSIGNATION

DES

ESTAMPES

———◇———

ESTAMPES HISTORIQUES ET TOPOGRAPHIQUES SUR LA FRANCE.
PORTRAITS FRANÇAIS DU XVI° SIÈCLE À NOS JOURS.

———◆———

Anciens Plans de Paris.

1 — Le plus ancien plan de Paris, exécuté en tapisserie, gravé par d'Heuland, en 1756. Epr. avant
les noms. Rare.

2 — Le plus ancien plan de Paris, exécuté en tapisserie, d'où lui est resté le titre de plan de tapisserie. *C. Naudet sculp.*, 1818.

Il y a trois légendes ajoutées qui ne se trouvent pas au plan précédent.

3 — Plan de la ville, cité et université, isles et faubourgs de Paris, projets de la nouvelle closture
ou nouvelles fortifications d'icelle diuisée par
ses 16 quartiers ou colonelles, avec les noms
des officiers, tant pour la police que pour la
milice. *A Paris, chez J. Boisseau, enlumineur,*
1652. Plan très-rare. Il est colorié.

4 — Plan de la ville, cité université et faubourgs de Paris, accompagné de la Chronologie des rois de France, depuis Pharamond jusqu'au roi Louis XIV, à présent régnant. *Paris, Jollain.* Rare.

5 — Plan de Paris et ses environs, par M. Jouvin de Rochefort, trésorier de France. Ce beau plan en 9 feuilles a été gravé par Fr. de la Pointe, et les ornements par P. Brissart. Il est dédié à Arnauld de Pompone, ministre d'État sous Louis XIV.

Ce plan est très rare; un exemplaire incomplet de la 9ᵉ feuille (les environs de Paris), a été vendu 181 fr. à la vente du général Rebillot, en mars 1856.

6 — Paris et ses environs dédié à messire Simon Arnauld, seigneur de Pompone, par Jouvin de Rochefort. *Paris, chez De Fer.* Ce plan en une feuille est la réduction du précédent. On y a fait des corrections à la sanguine. Rare.

7 — Plan de la ville de Paris et des canaux proposez contre les inondations, avec la Carte du cours de la rivière et environs d'icelle, par P. Petit. *Albert Flámen sculp.*

8 — Le nouveau plan de Paris, dressé sur les mémoires de M. Jouvin de Rochefort, corrigé, augmenté et enrichi des vues de Versailles et ses bosquets, de Meudon, Fontainebleau, Saint-Germain, et de quelques autres maisons royales situées aux environs et dressées sur les lieux, par Nicolas De Fer, géographe, 1697. Beau plan en quatre feuilles, très-bien gravé. Il est rare.

9 — Plan général des bureaux d'entrées, barrières de
renvois, roulettes et postes de garde de la
ville de Paris, par Constantini, dit Octave,
contrôleur général des domaines de Paris.

10 — Plan de Paris, une feuille. C'est le tableau d'as-
semblage du plan en vingt feuilles, dit Plan
de Turgot.

11 — Plan en deux feuilles de la paroisse de Saint-
Sulpice ou du faubourg Saint-Germain, gravé
en l'année 1696 par l'ordre de messire Henry
Baudrand, curé de ladite paroisse. *A Paris,
chez Roussel.*

Ce plan a un grand intérêt en ce que l'on trouve les noms de tous
les propriétaires des hôtels et maisons. Il est très-rare.

12 — Plan de la paroisse royale de Saint Germain-
l'Auxerrois, divisé en IX quartiers, fait par l'ordre de M. Labruë, curé de ladite paroisse en
octobre 1739. Levé géométriquement par
Faure.

13 — Plan d'une partie de la ville de Paris, depuis les
Champs-Elysées jusqu'au faubourg Saint-Antoine, et sur lequel sont projetés différentes
places et monuments publics relatifs à la nouvelle Constitution française, notamment au
Palais National, joint et réuni à celui des Tuileries. Inventé et tracé en 1790 par Mangin
père, architecte.

14 — Plan de Paris indiquant le système de fortifica-
tion en 1840.

— Nouveau plan de Paris et ses fortifications.
Paris, Danlos, 1850.

VUES DE PARIS, SES MONUMENTS ET SES ENVIRONS, CHATEAUX ET MAISONS ROYALES, MADRID, VERSAILLES, SAINT-CLOUD, FONTAINEBLEAU, ETC.

15 — Les Tuileries, les deux faces, par **A.** *Ducerceau.*

16 — Le Louvre, faces du dehors du côté de la rivière et de la cour des Offices, par **A.** *Ducerceau.*

17 — Perspective de la ville de Paris, vue du pont des Tuileries. *Silvestre, Parisis,* 1650. Pièce capitale du maître.

18 — Vue perspective du chasteau des Thuilleries du côté de la cour et du côté du jardin, dessinée et gravée par Is. Silvestre en 1668-1669. Deux estampes de deux feuilles chaque. Très-belles épreuves.

19 — Vue perspective des Thuileries du costé du jardin, vue du bout de la grande allée et plan du jardin de l'invention de M. Le Nôtre commé il est à présent. Trois pièces.

20 — Le Louvre et les Thuilleries. Seize feuilles, plans et coupes, du dessin de J. Marot, du Bernin; plus un plan du Louvre du cavalier Bernin.

21 — Les Tuileries du côté du jardin et le pont Royal, I. Mariette.

22 — Vues du jardin des Thuilleries, deux pièces à l'eau-forte, par Aug. Saint-Aubin. Rare.

23 — Vues de Paris, galerie du Louvre, Pont-Neuf. Trois pièces; deux par Callot.

24 — Vues du Louvre, château des Thuileries, place Royale, hôtel Saint-Paul, rue Saint-Antoine; Saint-Denis, château de Meudon, Madrid. Sept pièces, dont six par Ghastillon.

25 — Vue du Louvre et de l'abbaye Saint-Germain-des-
Prez en 1410, les Thuilleries, les Quatre-Na-
tions, l'Hôtel de Ville, place des Victoires, les
Invalides, colonne érigée en l'hôtel de Soisson.

26 — Le charlatan sur le Pont-Neuf, gravé à l'eau-
forte par Saint-Aubin. On lit au bas :

> Ce charlatan sur la scène publique
> Jouant les médecins se croit au-dessus d'eux ;
> Le médecin méprise l'empirique,
> Et le sage se rit de tous les deux.

27 — Pont-Neuf, pont de la Tournelle et vue de Belle-
vue, d'après Lantara ; et de l'Espinase, etc.
Quatre pièces; une est avant la lettre.

28 — Le Pont-Neuf, vue du côté de la rue Dauphine,
dessiné et gravé par N. Guérard. Pièce rare.

29 — Rue Quinquempoix en l'année 1720. *A. Hum-
blot inv. et sculp.* —[Rue Quinquempoix. *Bénard, sculp.*, 1720. Deux pièces.

30 — Veue de la place des Victoires, où M. le maréchal
La Feuillade a dressé un monument public à
gloire de Louis le Grand (1). *A Paris, chez
Nolin.*

31 — Vue de la place Neuve de Louis XV le Bien-
Aimé, *Moreau del. Taraval, architecte, sculp.*

32 — Vues des Thuilleries, du Louvre, place Louis-le-
Grand, Hôtel de Ville, le Chastelet, les portes
Saint-Denis, Saint-Martin, Saint-Bernard et
Saint-Antoine. Quatorze pièces.

---

(1) Cette statue en bronze était de Desjardin; elle avait 16 pieds
de hauteur, et les quatre esclaves, aux coins du piédestal de marbre
blanc, avaient 11 pieds.

33 — Vue des Tuileries et du jardin comme il est à
présent. — Vue perspective de l'Hôtel-de-Ville
de Paris. — Pont-au-Change et château de Versailles du côté du jardin. Quatre pièces par
Aveline.

34 — Les Tuileries, le pont Royal, le Luxembourg, le
Pont-Neuf, la maison du Père La Chaise. Six
pièces.

35 — L'Arsenal, le Temple, pont de l'Hôtel-Dieu et le
jardin de M. Renard aux Tuileries. Quatre
pièces, par *Is. Silvestre*.

36 — Les Thuileries, le Louvre, la Sainte-Chapelle, cimetière des Innocents, le Luxembourg, l'hôtel
Saint-Paul, rue Saint-Antoine, le Cours-la-
Reine, Notre-Dame, la Savonnerie, etc. Dix
pièces, par *Silvestre*.

37 — Vues de la Bastille, le grand Chastelet de Paris,
maison de M. de Bretonviller, etc. Six pièces
par *I. Silvestre*. Très-belles épreuves.

38 — Vues de l'abbaye Saint-Germain, la tour de
Nesle, Saint-Sulpice, les Carmes deschaussés, porte de la Conférence, à Paris. Les châteaux de Richelieu, Chilly, de Pont en Champagne, églises de Saint-Germain, de Manthe.
Treize pièces, par *Silvestre*. Belles épreuves.

39 — Vues de Paris et une vue du château de Madrid.
Neuf pièces, par *Silvestre*.

40 — Magazin royal des armes à Paris, appelé vulgai-
rement de la Bastille, gravé par *Pierre Pautre*.

41 — Arc de Triomphe du carrefour de la fontaine
Saint-Gervais. Très-belle épreuve avant le nom
de *Le Pautre sculp*.

42 — Le pont Notre-Dame réparé et enrichi de nouveaux ornements, Arc de Triomphe à l'entrée du faubourg Saint-Antoine, autre à l'entrée du marché Neuf, hôtels de la Vrillière, de Beauveau, palais Mazarin, du Grand-Prieur. *J. Marot fec.* Huit pièces.

43 — Face et coupe de l'église de la Sorbonne. *J. Marot fec.* — Face et coupe de l'église de l'Assomption sur le dessin du sieur Errard. *J. Marot fec.* Huit pièces.

44 — Vue, plans et coupes de l'église du Val-de-Grâce. Six pièces gravées par *Daniel et Jean Marot.*

45 — Recueil des plus beaux édifices et frontispices des églises de Paris, dédié à Henry Harlay, dessinés et gravés selon leurs mesures, par *J. Marot.* Douze p. et le titre.

46 — La maison des marchands drapiers de la ville de Paris; la beauté de son architecture et de ses ornements de sculpture attire les moins curieux à la voir. I. Bruant, inv. *J. Marot, sculp.*

47 — Vue perspective de l'entrée de Paris par la porte de la Conférence. *A. Perelle del. et sculp.*

48 — Vue de la maison blanche de la barrière Saint-Bonnest et d'une partie du faubourg Saint-Antoine. *Guéroult Dupas fec.* — Vue de l'abbaye Saint-Victor. *C. Frussotte, sculp.* 1766.

49 — Eglise Notre-Dame de Paris. Portail, plan et antiquités trouvés en 1711. 3 pièces.

50 — Vue géométrale du grand portail de Saint-Sulpice. Chapelle exécutée à la mémoire de M. de Gergy, curé de Saint-Sulpice, par Laurent,

architecte de Troyes, Portrait de M. de Gergy, par Roy. 4 pièces.

51 — La Sorbonne : plan, coupes et façade du monument; plus un plan de la salle où se fait la distribution des prix de l'Université de Paris. 6 pièces.

52 — Décoration intérieure de la gallerie de l'hôtel de Toulouse à Paris, exécutée par le sieur Vassé, sculpteur. 3 pièces. *A Paris, chez Mariette.*

53 — Veue de l'Amphithéâtre anatomique construit par les soins et aux dépens de la compagnie Royale, des maîtres chirurgiens de Paris, en 1694 (1). A. Dieu, in. et del., *C. Simonneau et à Perelle, sc.*

54 — Vues perspectives de la fontaine des Innocents, gravée par Carré en 1790. — La fontaine de Innocents, par Lucas. 3 pièces.

55 — Vues et plans de Paris, vues du Palais-Royal, de Monceaux, du Raincy, etc. 15 pièces.

56 — Le Palais-Royal en 1679, vue de la rue de Saint-Honoré et plan du palais, rez-de-chaussée, en 1833. 2 pièces lith., inédites.

57 — Vues prises à Paris sur les bords de la Seine : les Tuileries, le Pont-au-Change, Notre-Dame, la Chambre des Députés et le Jardin-des-Plantes. 5 pièces coloriées sur des traits.

58 — Vues du bassin du canal de l'Ourcq, de Saint-Cloud, château de Versailles. 3 pièces coloriées sur des traits.

(1) Ce monument, qui est rue de l'École-de-Médecine, est occupé par l'École gratuite de dessin.

58 bis. — Paris. Vue des hauteurs du parc de Saint-Cloud. Colorié.

59 — Principales vues de Paris et ses environs, gravées par Martens. 30 pl. in-4, broché.

60 — Feu d'artifice dressé devant l'Hôtel-de-Ville, pour la paix entre la France et l'empire en 1698. — Façade de l'Hôtel-de-Ville. 2 pièces.

61 — Feu d'artifice et réjouissances faites sur la rivière de Seine pour l'érection de la figure équestre du roi. *A Paris, chez Guérard.* — Vue de la place où M. le maréchal de La Feuillade a fait élever la statue du roi. 2 p.

62 — Palais d'Orléans, grande écurie de Versailles et berceau dans le jardin de l'hôtel de Condé. 3 pièces. *A Paris, chez Jean Mariette.*

63 — La Chartreuse de Paris, vue de la Porte-Saint-Denis, de la place Louis-le-Grand, par Perelle, Aveline et Mariette. 3 pièces.

64 — Vues de Paris et ses environs. Suite de 8 pièces gravées à l'eau-forte par Zeeman. Suite rare.

65 — L'église du Temple et de Port-Royal. 3 pièces.

66 — Veue de diverses paysages au naturel d'alentour de Paris, dessinés et gravés par Albert Flamen. *A Paris, chez P. Mariette.* Suite de 12 pièces. Manque le n° 9.

67 — Veue du campement de l'armée de Son Altesse Royale au bout du faubourg Saint-Victor. *A.-B. Flamen inuc. et fec.*

68 — Plan de Versailles, dit Petit Parc, et de ses dépendances, où sont marqués les emplacements de chaque maison de cette ville, les plans du château et des hôtels, et les distributions des jardins et Bosquets, par l'abbé de La Grive, 1746.

69 — Vues de Versailles, Vincennes, etc. 5 pièces, par Aveline et autres.

70 — Plan général du château et des jardins de Saint-Cloud. — Plan du bois et parc de Vincennes.

71 — Château de Versailles et bassin du parc. 6 pièces, par Perelle. — Plans du jardin, bosquets et description des statues, vases et fontaines; la ménagerie, par N. de Fer. 2 pièces, en tout 8 pièces.

72 — Vue de l'aqueduc d'Arcueil, vue du château de Saint-Germain-en-Laye et le château de Maintenon. 3 pièces.

73 — Chaillot, Bernis, Vincennes, Croissy près Saint-Germain. 5 pièces, par Silvestre.

74 — Jardin de Ruelle, par Silvestre. Ép. avant la lettre. Très-rare.

75 — Vue de la maison de M. de Boisffrant, à Saint-Ouen (1), dessinée et gravée par J. Silvestre, en 1672. Ep. rare avant toute lettre.

76 — Monceaux du côté du parc. *Silvestre, del. et sculp.* 1680.

77 — Vue du petit château de Choisy, du côté de la cour; autre vue du côté du jardin. 2 pièces gravées par Papillon de la Ferté, intendant des menus plaisirs de Sa Majesté. Rare.

78 — Plans du château et jardins de Marly, par de La Grive; de la maison de campagne de M. Crozat, à Montmorency; des jardins et parcs de Sceaux, de Choisy et de Glagny, proche Versailles. 5 pièces, par Perelle et chez Mariette.

(1) Ce château, qui a aussi appartenu au duc de Gèvres et à Mme de Pompadour, est celui où Louis XVIII est descendu avant son entrée à Paris, le 2 mai 1814, il a aussi été la résidence de Mme Du Cayla.

79 — Château de Boulogne, dit Madrid, par *And. Du-*
cerceau.

80 — Vue du château de Madrid et du pavillon de Ba-
gatelle, près de Paris, d'ap. L.-G. Moreau,
par E. Saugrain, 1783.

81 — Château de Fontainebleau; deux vues du côté
de l'étang et face du côté de la cour, par *Du-*
cerceau.

82 — Fontaine-Belleav : Vue prise à vol d'oiseau, avec
explication et renvoi.

83 — Vue du château de Fontainebleau, du côté du
jardin. Première épreuve, avec *Israël Silvestre,*
f. et ex rue du Mail, et le C. p. Regis.

84 — La même vue, 2e état, l'adresse enlevée et le C.
p. regis. On lit seulement : *Israël Silvestre de-*
lineavit et sculpsit. Plus un fragment d'une
autre vue.

85 — Fontainebleau du costé du jardin. *Israël Silvestre*
del. et sculpsit. Belle ép. d'une grande pièce en
deux feuilles.

86 — Vue du château de Fontainebleau du costé du
jardin, d'ap. Vander-Meulen, par F. Baudouin.

87 — Les châteaux de Saint-Germain-en-Laye, Gaillon,
Villers-Costret. 3 pièces, *F.-L.-D. Ciartres*
exc.

Plans et Vues de Villes de France.

88 — Plan de la ville et des faubourgs d'Alby. *Laroche*
fecit ingénieur. Rare.

89 — Ville de Bordeaux, du recueil de Chastillon.

Plan géométral de la ville et faubourg de Bordeaux avec tous les changemens fait jusqu'à présent, 1776. 2 pièces.

90 — Chasteau du comte de Bury en Blaisois, nommé en 1642 le comte de Rostaing, fait par *P. Cottart*, 1649. Boisseau, *excudit.*

91 — Hôtel-de-Ville de Chalon-sur-Saône.

Notre-Dame de l'Epine, près Châlons-sur-Marne, dessinée par Durand, architecte.

92 — Le château de Chambord, par Perelle.

93 — Vues perspectives de la ville de Chartres, 1647. *A Paris, chez Louis Boysseuin.* Rare.

94 — Vue de Dunkerque du côté de la mer. 1701. Royer del. Duflos, sc.

95 — Vue de la ville du Havre-de-Grâce, d'ap. un dessin fait en 1779, gravé par Martinet. Épreuve coloriée.

96 — Loge des changes de Lyon, inv. dess. par Soufflot, architecte, gr. par C. Bellicard. — Principale grue servant à la construction de l'église Sainte-Geneviève. 2 pièces.

97 — Vues de Lion, Grenoble, Clermont en Picardie, Langre, châteaux de Tanlay, de Verneuil, jardins de Ruel, de Valery, d'Avignon, églises de Dijon, de Flavigny, Notre-Dame de Tonnerre. 16 pièces, par *Silvestre.*

98 — Vues de Lyon, chez Robert Pigout. 3 pièces. — Six autres vues des monuments de cette ville. 9 pièces, par *Israël Silvestre.*

99 — Vues de Lyon et de Grenoble. 9 pièces, par *I. Silvestre.*

100 — Voyage pittoresque et historique à Lyon, aux
environs et sur les rives du Rhône et de la
Saône, par M. Fortis, composé de 2 vol. in-8°
et de 20 pl. gr. in-fol., gravées par Piringer.
Paris, 1821.

101 — Diverses vues et plans de Gaillon, Tanlay, Char-
leroy, Toulouze, Sainte-Colombe à Sens, etc.
13 pièces.

102 — Mommedy, citadelle de Stenay, forteresse de
Marsal. 3 pièces dessinées et gravées par
I. Silvestre, en 1669 et 1670. Très-belles ép.

103 — Nouveau canal d'Orléans et celuy de Briare, mis
au jour par le sieur de Fer. gr. par Le Pautre.
1705.

104 — Cartes des canaux d'Orléans, de Briare et de
Loing. 21 cartes et le titre très-bien gravées,
par Lattré, sur les ordres du duc d'Orléans.

105 — Vue de la ville de Gray, en Franche-Comté, par
Baudouins; vue de la ville d'Oudenaerde, où le
roy commande en personne. 2 pièces, d'après
Van der Meulen.

106 — La Rochelle. 2 pièces.

107 — Les Religieux de la Trappe, 4 pièces par Bonnart; la Lecture du soir à l'abbaye de la Trappe;
plan de cette abbaye et table instructive pour
l'intelligence de ce plan. En tout 6 pièces.

108 — Vue générale de la ville de Tonnerre. Abbaye de
Vézelay, plan de la ville de Sens, carte du département de l'Yonne; reliquaire byzantin à la
cathédrale de Sens, dessin colorié. 4 pièces.

109 — Nouvelle vue de la Chartreuse du Val-Dieu, fondée le 29 juin 1170, par Rotrou III, levé et dessiné par R. P. Miserey, grav. par N. J. B. de Poilly en 1769.

110 — Collége royal de La Flèche, fondé par Henri IV et donné par Louis XVI aux R. P. de la doctrine chrétienne.

111 — Vue de l'abbaye du Paraclet dont Abeilard fut le fondateur et Héloïse première abbesse, gravé par Piquenot, d'ap. Bruandet ; Inauguration de la statue de Jeanne d'Arc à Domremy ; vue perspective du château de Chenonceau. 4 p.

112 — Plan topographique de la ville de Rheims et de ses environs, dessin lavé et colorié ; statue du Roy à Rheims ; Perspective et détail d'un arc de triomphe. 8 pièces dont deux doubles.

113 — La ville de Roven, faicte par Clàvde de Chastillon Chalonnois ; Notre-Dame de Lisieux, par le même. 1615. 2 pièces.

114 — Rouen : Vue de l'Hôtel-de-Ville. On y a représenté Jésus chassant les vendeurs du temple. Pièce satirique. Rare.

115 — Palais de Justice de Rouen : Cérémonie de la levée de la Fierte par les prisonniers le jour de l'Ascension. *Jacques del. et sc.* Pièce à l'eau-forte.

116 — Trois vues générales de la ville de Rouen. *Bacheley del et sc.*

117 — Rouen, ses monuments et ses environs, Mont Saint-Michel, cathédrale de Coutances, etc. 15 p.

118 — Cathédrale de Strasbourg. *Hugo Allart excudit.* Horloge de Strasbourg en 1573. *Isaac Brun Argentinæ sculpsit.* 1650. 2 pièces.

119 — Notice sur la Sainte Beaume, accompagnée de vues et plans et publiée par les soins de M. Chevalier, préfet du département du Var. *Paris*, Didot, 1822, in-fol. 9 pl.

120 — Plan de la ville et faubourg de Toulouse. 1825.

121 — Château de Creil. Deux vues par *A. Ducerceau.*

122 — Château de Chantilly. Deux vues par Ducerceau.

123 — Château de Chenonceau. Deux vues sur une même feuille, par *Ducerceau.*

124 — Château de Bloys. Deux vues par *Ducerceau.*

125 — Château de Bury, par Ducerceau.

126 — Château d'Amboise. Deux vues par *Ducerceau.*

127 — Château de Gaillon et le plan général, par *Ducerceau.*

128 — Plan et vue des château, jardin et parc de Gaillon. 1748.

129 — Vue de la ville de Mulhausen, le 22 juin, au moment de l'arrivée du roi Louis-Philippe. Imprimée sous les yeux de Sa Majesté à l'Ex_position de l'industrie. — Carte figurative de l'instruction populaire de la France, par Charles Dupin.

129 bis — Vues en France. 242 pièces in-8° détachées du voyage, publié par Osterwald.

PIÈCES HISTORIQUES POUR L'HISTOIRE DE FRANCE,
PRINCIPALEMENT LES RÈGNES DE HENRI IV,
LOUIS XIII ET LOUIS XIV A NOS JOURS.

130 — Saint Louis, roy de France, à l'âge de treize ans, d'ap. un portrait du temps qui était à la Sainte-Chapelle. Gr. par Weber.

Pierre Lebaud, évêque de Rennes, présente son livre de l'Histoire de Bretagne à Jean, seigneur de Chateaugiron, d'ap. une miniature du xv siècle. Gravé par C. Duflos.

Portraits de Jean de la Tour, comte d'Auvergne et de Boulogne et de Jeanne de Bourbon, sa femme. 3 pièces.

131 — Guerres de religion en France, de 1569 à 1573 Copié sur les estampes de Perissin et Tortorel. Explication en hollandais et en français. 26 pièces.

132 — La Procession de la ligue.

Appréhension, jugements et condamnations des catholiques. 3 pièces.

133 — Louis XI et La Vaquerie, premier président. Lithographié par H. Bellanger.

Le duc de Guise chez Achille de Harlay. Lith. par Jules Paullet.

134 — Henri II, roi de France. Statue équestre jetée en bronze par David Riccio de Volterre, qui est à Rome dans le palais Ruccelli; dédiée au cardi-

nal Charles de Lorraine, par *Nic. Van Aelst.
Bruxellensis ded. Gravé à l'eau-forte par Tempeste* (1).

135 — Henri II, Diane et Horace Farnèse, en 1552.
Gravé par Prenner en 1747, d'après la peinture de Zucçaro au palais Caprarole.

Règnes d'Henri IV et Louis XIII, de 1594 à 1650.

136 — La Renommée écrivant l'histoire des rois Henri IV, Louis XIII et Louis XIV, dont on voit les bustes, d'a près Errard par Dannot. Très-belle épr.

136 bis. — Statve éqvestre d'Henri le Grand svr son piédestal. 1er état avant les armes.

137 — Statue équestre de Henri IV. *P. Brissart del. et sculp.* Belle ép. avant la lettre. Rare.
— La même avec la lettre. Mal conservée.

137 bis. — Réduction miraculeuse de Paris sous l'obeissance du Roy très chrétien Henri IV, et comme sa majesté y entra par la porte Neuue, le mardi 22 de mars 1594. — Comme le Roy alla incontinent à l'église de Nostre-Dame rendre grâces solennelles à Dieu de ceste admirable réduction de la ville capitale de son royaume. Comme Sa majestez estant à la porte Saint Denis veid sortir hors de Paris les garnisons estrangères que le Roy d'Espagne y entretenait. *N. Bollery prinxit. Jean Leclere excudit.* Des explications qui entourent ces trois pièces, la dernière est incomplète.

(1) M. Le Blanc, dans son Manuel, attribue à tort ce portrait à N. Van Aelst, qui n'en est que l'éditeur.

138 — Entrée de Henri IV dans Paris, d'après le tableau de Gérard, par Pfitzer.

139 — Les Armes royales de France et le vaisseau,
armes de la ville de Paris. *Gaultier sculpt.*
2 pièces.

140 — Amours de Henri IV. ou l'Origine de conter
fleurette. Suite de 4 estampes, d'après Deveria
et Desenne, par Bosselman. Ép. avant la lettre,
papier de Chine.

141 — Couronnement de Louis XIII. *F. Quesnel pinxit,*
1610. *P. Firens sculpsit.* Belle ép. d'une pièce
rare.

142 — Louis XIII à genoux devant un crucifix, 1643,
par A. Bosse.

143 — Louis XIII, entouré des seigneurs de sa cour,
recevant les prévots et échevins de la ville de
Paris. Jolie pièce dessinée par A. Bosse et gravée par Firens.

144 — Les forces de la France soubz le regne du très
chrétien et très victorieux monarque Louis le
Juste. Gr. par A. Bosse. *Mariette ex.* Belle
épreuve d'une pièce rare.

145 — La ville de Brissac. Gravé par A. Bosse.

146 — Agreable rejouissauce de la cour sur l'heureuse
naissance du Prince, Duc de Valois, fils
unique de monseigneur le Duc d'Orléans, né
le 17me aoust 1650. *Fran. Mazot exc.* Jolie
pièce très-rare.

147 — Le cardinal Richelieu entouré d'un grand nombre de figures allégoriques. Grande thèse en
4 feuilles. *Gre, Huret inuen et fecit.* Très-belle
ép. Rare.

148 — Portrait du cardinal de Richelieu sur un chevalet, autour duquel sont diverses figures allégoriques. *M. Lasne fecit aux Gallerie.*

149 — Dessin des pompes et magnificences dv carovsel faict en la place Royalle, à Paris, v, vi, vii avril 1612. *Par C. Chastillon.* Belle pièce. Très-rare.

150 — Sujets figurés pour les amours de Jupiter et Junon (Louis XIII et Anne d'Autriche), 20 pièces. Belles épreuves gravées d'après les dessins de Rabel, par Jean Picart, B. Montcornet, J. David, etc.

151 — Quatre pièces, sujets figurés. Louis XIII en Jupiter au tournois de la place Royale; Louis XIII au Palais de Justice; Cortege de Anne d'Autriche à son entrée à Paris, et cette reine en voiture avec ses dames, d'ap. Rabel.

152 — Rabel peignant le portrait d'Anne d'Autriche. Superbe ép. d'une jolie pièce, d'ap. J. Rabel, par J. Picart.

153 — Le depost de la Reyne Regente du Royaume de France entre les mains de la Reyne de Paix, mère de Dieu. *C. Mellan G. in. et f.* Pièce rare.

154 — Le vray théâtre d'honneur et de chevalerie, ou le miroir héroïque de la noblesse, par M. de Wulson de la Colombière. Aug. Courbe, 1648. 5 planches de tournois et 2 titres gravés, par F. Chauveau. Plus 2 médaillons, sujets de Louis XIII, d'après les dessins de Della Bella.

155 — Allégorie à la prise d'Arras. La Force et la Prudence accompagnent Louis XIII et le cardinal de Richelieu.

156 — Mathieu Mollé aux barricades, 17 aoust 1648, d'ap. Vincent, par Delannoy.

157 — Louis XIV enfant recevant les prevosts et échevins de la ville de Paris, dont les noms et armoiries se trouvent au bas de l'estampe. Pièce curieuse et rare (1).

158 — Leurs Majestez allant à Notre-Dame, rendre grâce à Dieu du repos rétabli dans la France au contentement du peuple.

La Cavalcade royalle, ou le roy allant à cheval à l'église des Jésuites, accompagné de toute sa cour le jour de la Saint-Louis, 1649.

Deux pièces rares sans nom de graveur.

159 — Sacre de Louis XIV à Rheims, en 1654, d'après Philippe de Champagne, par Gelée. Ep. pap de Chine, avec l'explication.

160 — Sacre de Louis XIV. 3 pièces sans aucune lettre dans le goût de Le Pautre.

161 — Alexandre de Seue, prévost des marchands, et les échevins de la ville de Paris présentant à Louis XIV le livre de la relation de l'entrée du Roy et de la Reine, le 6 aout 1660. *Chauveau fec.* Très-belle ép.

162 — Louis XIV jeune, assis sur son trône, tenant la main de justice ; il est en manteau royal. Pièce très-rare, sans nom d'auteur, qui est N. de Poilly.

(1) Voyez une note intéressante de Mariette sur cette pièce (Arce e 'art français, vol. 3. p. 174.)

162 bis

163 — Le Jansénisme foudroyé. Belle pièce gravée à l'eau-forte par Albert Flamen, pour l'almanach de 1660. Elle est très-rare (1).

164 — Louis XIV. Son buste entouré allégoriquement de plusieurs figures. Sur une légende on lit : *Victori Pacifico*, et au bas : *L. Cossin*. Très-rare.

165 — Louis XIV et sujets de son règne, d'après des médailles ; au bas, une vue de Paris, et en haut une planche accessoire représentant une Renommée. Pièce rare avec la planche accessoire.

165 bis — Deux épreuves, la première avec les noms des prévots et échevins de la ville de Paris. *S. Leclerc del. et Ertinger sc.*, et l'adresse à Paris, chez A. C. Boulle, aux Galeries du Louvre.

166 — Cortége du Roy Louis XIV et Marie Thérèse d'Autriche, en 1666. Pièce rare du temps, sans nom d'auteur.

167 — Le Dauphin, fils de Louis XIV, né à Fontainebleau, le 1er octobre 1661 ; il est représenté enfant, entouré de figures allégoriques. *Jean Sauvé fecit.* Almanach pour l'année 1672. *A Paris, chez B. Montcornet.* Belle ép. d'une pièce rare.

168 — La Prise de la ville de Maestrick par Louis 14, en 1673. Almanach pour 1674. A Paris, chez Girard Edelinck, rue Saint-Jacques, au Séra-

(1) M. Robert-Dumesnil dit (vol. V, p. 291) : « Cette estampe parut en 1653 ; elle irrita fort les solitaires de Port-Royal, et le *Maistre de Sacy* crut la faire tomber par les enluminures de l'Almanach des Jésuites qu'il a publié en 1654, in-12. »

phin, avec privilége du Roy. Cette pièce, gravée et publiée des premiers temps d'Edelinck,
n'est pas décrite dans le catalogue de l'œuvre
de ce graveur, par M. Robert-Dumesnil. Elle
est excessivement rare.

169 — La fameuse Conqveste de Lovys le Grand par la
prise de l'importante ville de Maestrick en
1673. Almanach pour 1674. *De Larmessin del.
et sculp.* Belle épreuve.

170 — Représentation des machines qui ont servi à
élever les deux grandes pierres du fronton du
Louvre. *S. Le Clerc fc.* 1677.

171 — Cérémonie du Mariage de Charles II, Roy d'Espagne; avec Marie Louise d'Orléans. Fait au
chateau Royal de Fontainebleau, dans la chapelle des Religieux de l'ordre de la Ste Trinité,
dite la belle chapelle, le 31 aout 1679. Dessiné
et gravé sur les lieux par P. Brissart. Belle
pièce et rare.

172 — Le Voyage du Roy en Flandre, l'année 1680 et
la réception faite à Sa Majesté à Lille et autres
villes des pays conquis. Almanach pour 1681.
Paris, N. Langlois. Belle ép.

173 — Marche du Cortége de la reine Marie Thérèse
pour le carousel de 1682. Grande frise. Dessin
au crayon noir et blanc sur papier gris, par
Ch. Le Brun.

174 — Décorations pour l'entrée de Louis XIV et Marie
Thérèse, en 1682; Arc de triomphe élevé au
bout du pont Notre-Dame; Obélisque dans la
place Dauphine; Arc de triomphe du carrefour
de La Fontaine St-Gervais. 3 p. par Le Paultre.

175 — Feu de Joye devant l'Hôtel de Ville de Paris, 5 sept. 1649; Illumination des Galleries du Louvre pour la naissance du Duc de Bourgogne, le 25 août 1682 (1). 4 pièces par Marot.

176 — Carouzel Royal, aux Thuilleries, en 1682. 3 grandes pièces dessinées et gravées par Israël Silvestre

177 — La prise de Mons, capitale du Hainaut, par le Roy en personne, le 8 avril 1691. *A Paris, chez N. Langlois.* Belle ép. avant l'Almanach.

178 — Carte particulière du camp de Compiègne et de ses environs à trois lieues à la ronde, avec l'ordre de bataille de l'armée du Roy, commandée par Mgr le Duc de Bourgogne, 1698. Gravé par Le Pautre, architecte.

179 — Rencontre de l'escadre de France et de l'armée anglaise, et la retraite que fit le B⁰ⁿ de Pointis. Gravé par Le Pautre, architecte.

180 — La Cérémonie du mariage de monseigneur le duc de Bourgogne avec Mᵐᵉ la princesse de Savoye, dans la chapelle de Versailles, le 7 décembre 1697, avec les actions de guerre et de paix de cette même année. Almanach pour l'année 1698. *A Paris, chez Trouvain, au grand Monarque.*

181 — Erection de la statue de Louis 14 sur la place des Conquettes, depuis place Vendôme. Le haut de l'almanach de 1700. Ép. mal conservée.

(1) Cette illumination était de 84 toises de long dans toute l'étendue des 28 logements de ceux que sa majesté a choisi comme les plus excellents dans les beaux arts pour y loger. Elle a esté faite à frais communs à la réserve du portail du milieu dont le sieur Girardon, sculpteur, a fait seul la dépense et a pris soin.

— Exposition des ouvrages de peinture et sculpture par M^{rs} de l'Académie à la galerie du Louvre, en sept. 1699, Feste et Jouste sur la Seine, le 13 Août 1699. A Paris, chez N. Langlois et Trouvain. C'est le bas de l'almanach de l'année 1700.

182 — La Chasse Royale après Midy. Louis XIV, la Reine et le Dauphin. *Montcornet fec. et in.*

183 — Marche du Roy accompagné de ses gardes, passant sur le Pont-Neuf et allant au Palais. Gravé par I. V. Huchtemburgh, d'après F. Van der Meulen. Superbe épreuve.

184 — Le Roy dans sa calèche accompagné des dames dans le bois de Vincennes. *Baudouins sculp.*, d'après Van der Meulen.

185 — La prise et deffaicte et prise Gñalle des chatz d'Espaigne par les ratz français deuant la ville d'Arras (1). *L. Richer in. G. Perelle sc.* Pièce la plus rare de l'œuvre de G. Perelle.

186 — Académie royale des sciences sous Louis XIV. Le roy crée le Jardin des Plantes. *S. Le Clerc in. et sc. Goyton ex.* 1er état.

187 — La même, 2e état, le nom de Goyton supprimé.

188 — Louis XIV proclamant le Duc d'Anjou Roy d'Espagne. Gravé par Tonny Johannot, d'après Gerard. Epr. d'artiste avant toute lettre.

189 — Le Temps tenant le portrait de Louis XIV tandis que l'Histoire écrit les hauts faits de son règne.

(1) Pièce satirique sur la prise d'Arras que les Espagnols avaient prétendu ne devoir être prise que quand les rats mangeraient les chats.

Dessiné et gravé par N. Dorigny, d'après le groupe ou marbre de Dominique Guidi, sculpteur à Rome.

190 — La Mort de Marie-Thérèse, reine de France. On prie le Roy de se retirer. Fragments d'un almanach, autre fragment. 3 pièces.

191 — Louis XIV bénissant son petit-fils, d'après Mme Hersent, par **M. Z.** Prevost. Ep. avant la lettre, pap. de Chine.

192 — Les Cérémonies observées à la réception de Mgr le Dauphin dans la confrairie du Saint-Rosaire, en présence de tous les princes et seigneurs de la cour. Claudine Stella delin. *Landry, graveur du Roy.* Belle ép. d'une pièce rare.

193 — Louis, dauphin, fils de Louis XIV, mort à Meudon en 1711 ; il est représenté avec sa famille. Gravé par H. S. Thomassin, d'après le tableau de P. Mignard, au musée du Louvre.

194 — Le Masque de Fer. Ce personnage mystérieux est représenté assis à droite, les fers aux pieds, près d'une croisée grillée, dans l'intérieur d'une tour où se voit une tapisserie, un lit et une table. A gauche paraît un geôlier, une lanterne à la main, venant apporter la nourriture du prisonnier. Cette pièce, gravée au trait à l'eau-forte, est du temps ; elle est sans marque et paraît avoir été publiée clandestiment. Très-rare.

195 — Séance ordinaire des états de Languedoc. *Mag.* Hortemels *Cochin sc.* Au bas de l'estampe les noms des membres de cette assemblée.

196 — Cérémonie de prestation de serment du Mis d'Angeau dans la chapelle de Versailles, d'ap. le tableau d'Ant. Pezey qui est à Versailles. *S. Le Clerc fecit.* Belle ép.

197 — Réception d'un chevalier de l'ordre de St-Michel. N. Boquet in. *I. Nolin sculp.* Ep. avant la lettre. Rare.

198 — Figure allégorique représentant la Justice : elle tient les armes de France; deux enfants ailés près d'elle, dont l'un tient un glaive d'une main et de l'autre des balances; deux autres enfants semblent attacher des guirlandes de chêne sur lesquelles posent 34 armoiries et 4 se voient aux pieds de la Justice. *P. Landry sc. Parisis,* 1775. Rare.

199 — Arbre des Estats et offices de France, par Charles de Figon, conseiller du Roy et maistre ord. en la chambre des comptes de Montpellier. Pièce grav. en bois,

200 — Satyre sur les Solitaires de Port-Royal. Pièce anonyme. Rare.

201 — Le roi Louis XV tenant son lit de justice pour la première fois en son parlement, à Paris, le 12 septembre 1715. *De Poilly fec.* Dessiné sur le lieu par Délamance.

Plan géométral de la grande chambre du parlement de Paris; à Paris, chez Poilly.

Ce plan explicatif de l'estampe précédente est très-rare.

202 — L'an 1715 du règne de Louis XV et de la régence de Philippe d'Orléans; la liberté a été rendue à ceux qui restaient fugitifs ou exilés pour les affaires de l'église.

203 — Le règne de Louis XV commencé par la déli-
vrance des prisonniers d'état et le rappel des
exilés, le 4 septembre 1715.

204 — Cérémonie du mariage de Louis, dauphin de
France, avec Marie-Thérèse, infante d'Espagne,
dans la chapelle du château de Versailles, le
23 février 1745. *C. N. Cochin fils del. et sculpsit.*

205 — Cérémonie du sacre de Louis XV. A Paris, chez
Bligny.

206 — Arrivée du roi Louis XV devant le portail de l'é-
glise de Strasbourg, le 5 octobre 1744. Dessiné par Weiss et gravé par Le Bas.

207 — Louis XV tenant le sceau en personne pour la
première fois, le 4 mars 1757. *J. J. Pasquier.*
Charmante petite pièce.

208 — Mort du chevalier d'Assas, le 15 octobre 1760,
à Closterman, près Wesel, sur le bas Rhin.

Règne de Louis XVI, la Révolution, l'Empire et la Restauration, de 1760 à 1820.

209 — Vue du décintrement du pont de Neuilly, fait en
présence du roi Louis XVI, le 22 décembre
1772. Dédié à M. de Perronet par son élève
Eustache de Saint-Far, 1773.

210 — Décoration du sacre de Louis XVI, roi de France
et de Navarre, à Rheims, le 11 juin 1775, sous
les ordres du maréchal duc de Duras, et or-
donné par M. Papillon de la Ferté. Dessiné
d'après nature et gravé par J. Moreau le jeune,
dessinateur et graveur du cabinet du roi en
1779. Très-belle épreuve d'une pièce la plus
capitale du maître.

211 — Cérémonie du sacre de Louis XVI.

212 — Sacre et couronnement de Louis XVI, roi de France, à Rheims, le 11 juin 1775, enrichi d'un très-grand nombre de figures gravées par le sieur Patas. *Paris*, 1775, in-4, cart.

213 — La reine annonçant à Mme de Bellegarde des juges et la liberté de son mari, en mai 1777, grav. par Duclos, d'après le pastel du sieur Defossés.

214 — Louis XVI tenant son lit de justice. Deux estampes dessinées et gravées à l'eau-forte par Girardet, et terminées par Niquet et Duparc. Épreuve avant la lettre. Rare.

215 — Arrivée de la reine à l'Hôtel-de-Ville, pour la feste donnée à l'occasion de la naissance du dauphin, le 21 janvier 1782. Inventé par L. Moreau, architecte, et dessiné et gravé par Moreau le jeune.

216 — Trait d'humanité et d'héroïsme du duc d'Orléans en 1787. 2 pièces.

217 — Louis XVI distribuant des bienfaits dans l'hiver 1788. Gravé par Pierre Adam, 1822, d'après Hersent, 1817. Épreuve avant la lettre, papier de Chine.

218 — Entrée du roi et de la famille royale à Paris, le 6 octobre 1789. Inv. et grav. par d'Argent.

219 — Le serment de réconciliation des trois ordres en 1789.

220 — Le serment du Jeu de Paume, grande estampe gravée au trait d'après David, avec un trait explicatif des personnages.

221 — Vue de la procession des états généraux à Versailles, le 4 mai 1789.

222 — Le serment du Jeu de Paume; motion de Camille Desmoulin, mort de M. de Flesselles, prévôt des marchands ; Paris gardé par le peuple ; la Prise de la Bastille. Dix pièces gravées par Duplessis-Bertaux.

223 — Prise de la Bastille, gravée au lavis ; plan et siége de la Bastille, dessinés d'après nature et gravés par Girardet.

224 — Salle de danse construite sur les ruines de la Bastille, le 20 juillet 1790. *Pinola fec. et sculp.* Rare.

225 — Confédération générale au Champ-de-Mars, le 14 juillet 1790. Différentes pièces dessinées et gravées par Girardet ; plus un plan du Champ-de-Mars, disposé pour cette cérémonie. Cinq pièces.

226 — Travaux du Champ-de-Mars pour la Confédération du 14 juillet 1790, par les citoyens de Paris. Louis XVI y travailla le 9. *A Paris, chez Sergent.* — Pacte fédératif des Français, le 14 juillet 1790, dess. et gr. par Girardet. Deux pièces.

227 — Plan général, avec explication, du Champ-de-Mars et du nouveau cirque construit pour la Fédération nationale, en 1790.

228 — Scène de la Révolution de 1789. Duplessis-Bertaux ; *aqua forti.* Seize pièces, plusieurs avant la lettre.

229 — Le jeune Dessiles à l'affaire de Nancy, le 31 août 1790, gravé par P. Laurent, d'après Le Barbier l'aîné.

230 — Journée du 25 juin 1791 ; le roi arrivant de Varennes à Paris. Dessiné et gravé à la manière noire par P.-F. Germain.

231 — Le 10 août 1792 et le 13 vendémiaire. Deux pièces d'après Monnet, par Helman. Épreuves avant la lettre.

232 — Louis XVI s'occupant de l'éducation du dauphin dans la tour du Temple. Pièce gravée au pointillé. Rare.

233 — Mort de Louis XVI, le 21 janvier 1793, et six pièces, scènes de la Révolution.

234 — Médaille représentant l'Angleterre sous la forme d'un léopard étranglé par un serpent, qui est l'Amérique.

235 — Mort de Marat. On lit : *A Marat, l'ami du peuple, David copia sculp.*, d'après David. On a joint à ce portrait deux *fac-simile* de lettre et du billet écrit par Marat dans ses derniers moments, et aussi son tombeau.

236 — Le duc d'Orléans (depuis Louis - Philippe Ier) donnant des leçons de géographie au collége de Reichnau. *Couder pinxit, Chrétien del.* Lithographie sur papier de Chine.

237 — La Convention, Boissy-d'Anglas ; séance du Directoire ; deux eaux-fortes par Duplessis-Bertaux, et copies de caricatures révolutionnaires. Sept pièces.

238 — Réunion des assignats, mandats territorial, caisse patriotique depuis 10,000 liv. jusqu'à 10 sous, cartes de sûreté, bons de pain, etc ; dessinés et écrits à la plume d'après les originaux, par A. A. Lejeune. Paris, ce 16 septembre 1796.

239 — Assignats de 50, de 10 et de 5 livres; ces derniers, dits corsets, autres de 50, 15 et 10 sous.
23 pièces.

240 — La Lanterne magique républicaine, montrée à
sire George Dandin et à monsieur Pitt, son
féal ministre.

241 — Déclaration des droits de l'homme en société;
autour, quatorze médaillons représentant des
faits de la Révolution.

242 — Fête à l'Être suprême, célébrée au champ de la
réunion, le 20 prairial de l'an II de la République française.

243 — Brevet de l'ordre de chevalier de l'Eteignoir et
de celui des Girouettes; ce dernier signé Péri-
gueux, prince de Bienauvent (prince de Be-
nevent). 2 pièces,

244 — Figures pour un jeu de cartes républicain en
1793. Deux suites sur une seule feuille.

245 — Habit civil du citoyen français; deux pièces d'a-
près David, par Denon. Épreuves coloriées.

246 — Le Triomphe de la République, Constitution de
l'an VIII, gravé par David, d'après Monnet. Deux
épreuves, une avant la lettre.

247 — Vues des ouvrages de peinture exposé au Mu-
seum central des arts, en l'an VIII de la République française. Dessinés et gravés par Mon-
saldy et Devisme. Deux pièces rares.

248 — Les Révoltés du Caire, d'après le tableau de Girodet, par Lorichon et Thibaut. Épreuve avant
la lettre, papier de Chine.

249 — Cortége de l'empereur Napoléon pour son sacre ;
il sort du château des Tuileries. Gravé par
Dequevauviller, d'après Isabey. Belle épreuve
avant la lettre.

250 — Distribution des aigles par l'empereur Napoléon
au Champ de Mai. Pièce gravée à l'eau-forte.

251 — Le roi de Rome dans son berceau, peint par
Appiani, peintre de Milan, gravé par?

252 — Après vous, Sire (campagne de 1813) ; — On ne
passe pas ! J' vous dit qu'encore bien même
qu'vous seriez le p'tit caporal on ne passe pas !
(Historique.) Deux pièces d'après Charlet,
gravées par Reynold et Maile. Épreuve papier
de Chine.

253 — Mort de Napoléon à Sainte-Hélène. Lithographié
à Bruxelles. Trait explicatif de l'estampé,
d'après Steuben.

254 — Départ du roi Louis XVIII, le 20 mars 1815, et
retour du roi le 8 juillet 1815. Deux pièces
gravées au lavis d'après Martinet, par Alix.

255 — Prise du Trocadero, d'après Adam, par Lejeune
et Goulu.

255 bis. — Deux victoires par jour, almanach militaire
pour 1821.

256 — Scènes de la Révolution de juillet 1830, *Victor*
'del.; Revue de la garde nationale de Paris;
distribution des drapeaux, le 29 août 1830.
Et. Dubois, lith.

257 — Arrestation du député Manuel à la chambre des
députés, le 4 mars 1823. Lithographie sans
nom d'auteur, publiée clandestinement ; plus
un trait explicatif des noms des députés.

258 — Charles X en costume du sacre, gravé par Lignon
en 1830, pour l'ouvrage du sacre (1).

259 — Le duc d'Angoulême et Mgr de Latil. Deux costumes pour le sacre de Charles X. Deux épr
avant la lettre.

260 — Mort du duc de Berry, lithographiée.

Pièces sur les Jésuites et le Diacre Pâris.

261 — Catherine de Médicis à laquelle un sorcier fait
voir un miroir magique où les jésuites abol-
lissent la monarchie.

262 — Arrivée des jésuites expulsés à Rome ; la douleur
de leur général en apprenant leur disgrâce,
qui annonce la ruine totale de leur ordre.

263 — Expulsion des jésuites des états du roi d'Espagne,
de Naples et des duchés de Parme ; leurs
ordres proscrit en France et en Portugal.

264 — Type de la Religion, estampe du tableau trouvé
dans l'église des jésuites de Billom en Auvergne, en 1772 ; extinction de la société des
jésuites. 3 pièces.

Monument symbolique et historique de la
doctrine impie pratiquée par les disciples de
dom Inigo de Guispuscoa, chef de la société
de Jésus.

265 — Pyramide dressée devant la porte du palais, à
Paris, en 1597, abattue en 1605. Trois pièces.
Arrêts du parlement de Paris, 6 août 1762.
Concile d'Embrun ; tableaux trouvés dans l'é-

(1) Cet ouvrage n'a pu être terminé à cause des événements de 1830.

glise des jésuites de Billom en Auvergne, en
1762. *Bulle unigentus*, etc. Quinze pièces contre
les jésuites, plusieurs rares. Cet article pourra
être divisé.

266 — Présentation des haquenées au Saint-Père. Pièce
satirique sur un bref du Pape. Rare.

267 — François de Pâris, diacre de l'église de Paris,
mort le 1er mai 1727. Autre portrait d'après
le dessin fait sur lui-même un moment après
sa mort. Rare.

Christophe-François Désaugins, mort en
1731, curé de Calais, confesseur du diacre.
Pâris.

268 — Tombeau de François de Pâris, diacre de l'é-
glise de Paris. Deux pièces gravées à l'eau-
forte, sans nom d'auteur.

269 — François de Pâris en prières et cinq convulsion-
naires guéris sur son tombeau. Plus les deux
ordonnances du roi du 27 janvier 1732 et
février 1733, pour fermer le cimetière de Saint-
Médard. 8 pièces.

Expériences Aréostatiques.

270 — La 14e expérience aérostatique de M. Blanchard,
accompagné du chevalier Lepinard, faite à
Lille le 26 août 1785. — Entrée de M. Blanchard et du chevalier Epinard cinq jours après
eur ascension aérostatique, le 26 août 1785 ;
peint par L. Watteau, gravé par Helman. Deux
pieces ; epreuves avant les dédicaces.

271 — Vue perspective du jardin de M. Réveillon, fabricant de papier, faubourg Saint-Antoine, à l'ancien hôtel Titon, où se sont faites les expériences de la machine aérostatique de MM. Montgolfier frères, en 1783.

172 — Second voyage aérien ; expérience de MM. Charles et Robert, faite à Paris dans le jardin des Tuileries, le 1er décembre 1783.

273 — Représentation des globes aérostatiques inventés par MM. Montgolfier.

274 — Montgolfier, célèbre aéronaute. On lit : Biard *pinxit* ; Deboigne *sculp.*.

> Montgolfier vole au rang des Dieux
> Et l'immortalité ravie
> Fière d'un nom si glorieux
> L'inscrit aux fastes du génie.

275 — Charles, célèbre aéronaute, sur un drapeau on lit : Charles, aux Tuileries, le 1er décembre 1782, gravé par Miger. Deux épreuves, une d'eau-forte avant la lettre. Rare.

276 — François Pilâtre de Rozier, aéronaute, gravé par Collyer.

Costumes, Scènes de mœurs, Facéties, etc.

ÉPOQUES LOUIS XIII, LOUIS XIV ET LOUIS XV.

277 — Fumeur et buveur de Saint-Igny. *M. Lasne fecit* ; Mariette *excudit*.

278 — Les Joueurs de cartes ; costumes Louis XIII. Pièce sans marque.

279 — Le Jeu, le Vin, le Tabac et les Dames, etc. — *P. Mariette ex.* Costum. Louis XIII.

280 — A l'enseigne tout en est bon ; Mme Lustucru a un secret admirable pour repolir sans faire mal ni douleur les têtes des femmes acariâtres, etc.

281 — Histoire véritable et faccecieuse d'un Espaignol, lequel a eu le fouet et la fleur-de-lis dans la ville de Toulouse, pour avoir dérobé des raves et roignés des doubles.

281 bis — Luther, disciple du Diable.

282 — L'influence de la lune sur la teste des femmes.

283 — Rejiovissance des bons ivrognes sur la noce de crocqve tovt.

Grand Jean ce beau poupart à sa porte rencontre...

Cocus, que votre joye est de courte durée...

284 — L'Arracheur de dents ; pièce anonyme. Composition dans le goût de Valentin.

Concert diabolique. Pièce anonyme.

Diogène. Au coin du haut on lit les quatre vers suivants :

En plain midy tenant une lumière
En plaine foire, ou l'on les trouxe a tas :
Ce philosophe ung homme ne ueit pas,
Qui pour tromper ne se donnast carriere.

285 — Carte allégorique de l'isle du mariage, par le docteur Jococosus, de la société royale de Stutopolis, 1770. Pièce facétieuse. Rare.

286 — Le beau séjour des cinq sens. *G. Huret invenit; J. Couway sculps.*

287 — Les cinq sens, suite de cinq pièces. *A Bosse in. et fec.* A Paris, chez M. Tavernier, et la vue avec l'adresse de Langlois.

288 — Le Printemps, l'Automne. *A Bosse in. et fec.* Deux pièces ; 1er état, avec l'adresse de Le Blond.

289 — Le Banquet des femmes en l'absence de leurs maris. *A. Bosse in. et fec.* 1er état, avec l'adresse de Le Blond *exc.*

290 — Les Vierges folles. *Tu vois comme ces .Vierges folles... Ces Vierges au lieu de veiller.* Les Vierges sages. *Nul vain objet ne distraire.* Trois pièces, deux avec *Le Blond ex.*

291 — L'enfant prodigue garde les pourceaux ; il est de retour dans sa famille. Deux pièces. *A. Bosse in. et fec.* Le Blond *ex.*

292 — La Femme qui bat son mari et le mari qui bat sa femme. Deux pièces. *A. Bosse in. et fec.* Le Blond *ex.*

293 — Un double du mari qui bat sa femme.

294 — L'Apothicaire. *A. Bosse,* inventor ; *N. Visscher excudit.* Copie hollandaise.

294 bis — Le Sculpteur dans son atelier ; à l'eau-forte par A. Bosse, en 1642. Très-belle, avec marge.

295 — L'Imprimeur, à l'eau-forte, par A. Bosse, en 1642. Très-belle.

296 — Costumes de seigneurs sous Louis XIII, d'après Saint-Igny, par A. Bosse ; épreuves avant la lettre. 3 pièces rares.

297 — Femme flairant des œillets, par A. Bosse.

298 — Costume de femme et le Dessinateur ; deux pièce par A. Bosse.

298 bis — La Joye de la France, par A. Bosse. Belle pièce citée par Mariette.

299 — Disposition du festin fait par Sa Majesté à MM. les chevalliers, après leur création faitte à Fontainebleau, le 14 mai 1633. *A. Bosse in. scul.* Pièce intéressante, superbe épreuve.

300 — Femme de qualité, en deshabillé, se reposant sur un lit d'ange, peint par Jean de Saint-Jean.

301 — Premier appartement de Louis XIV, gravé par A. Trouvain.

302 — Seconde chambre des appartements, grav. à Paris, chez Trouvain.

303 — Intérieur d'un buffet, costumes Louis XIV, gravé par Trouvain.

304 — La Famille de Lorraine. *P. Grafait pinx.* A Paris, chez Trouvain.

305 — Grand concert dans un jardin, inventé et gravé par Bernart Picart, en 1765. Au bas, huit vers : *A l'ombre des bosquets dans un beau jour d'été.* Pièce curieuse pour les costumes.

306 — L'Agioteur élevé par la Fortune, la Justice, qui détruit la fortune de l'agioteur. Deux pièces à Paris, chez de Rochefort, gravées dans le goût de Gillot. Elles sont rares.

307 — Louis le Grand, Antoine de Lorraine, Catinat, maréchal de France, 1693. Trois pièces. A Paris, chez J. Mariette.

308 — Madame la marquise de Belfonds, duchesse de Ventadour, le duc de Savoye, Boucherat, chancelier de France. *R. Bonnart del.* Quatre pièces.

309 — Le prince Joseph de Lorraine, le prince de Galles, Guillaume III, roy d'Angleterre, le czar Pierre Alexionitz, la famille royale de

Savoye, 1684, Charles de Gonzague, duc de Mantoue, le cardinal Portocarrero, archevêque de Tolède, Mme la princesse de Dannemark. Huit costumes des suites de Trouvain, Arnoult, Bounart et J. Mariette.

310 — Mlle de Loube, fille d'honneur de Madame; comte de Lyon, primat des Gaules; femme de qualité, etc. Quatre pièces, par Jean de Saint-Jean, 1688, et à Paris, *chez Trouvain.*

311 — Jacques II, roy d'Angleterre, le roy d'Espagne, Mlle de Montbrun et Mme de Maintenon, Mme de B* en Magdeleine. Cinq pièces, à Paris, chez Trouvain.

312 — Auguste, roy de Pologne, élu le 27 août 1697. Étienne Radziciowski, cardinal légat, né du royaume de Pologne. Deux pièces.

313 — Monseigneur le duc d'Anjou. — Claude de Saint-George, archevêque, comte de Lyon.

313 bis — Méhémet Reza Beg, ambassadeur de Perse, fit son entrée à Paris le 7 février 1715. Il eut audience du roy le 19. *A Paris, chez Landry.* Rare.

314 — Nouveau recueil de troupes qui forment la garde et maison du roy, avec la date de leurs créations, dessiné d'après nature par Eisen. Paris, Ve Chereau, 1756, in-fol. 15 pl. Rare.

315 — État général en 1769 des troupes de terre et de mer qui servent dans tous les grands États d'Europe, tableaux indiquant les noms des régiments, leurs chefs, leurs forces effectives, leurs uniformes. Dix-sept tableaux gravés par J.-A. Frédéric, à Ausbourg.

316 — Cabaret de Jean Ramponeaux. Au bas, huit vers :
*Au sein de la paix goûter le plaisir...... Voilà
la taverne à la mode* (1).

317 — Phénomène de la basse Courtille. Ramponaux,
cabaretiez à la mode. Permis de distribuer, ce
24 mars 1760. De Sartine.

On a joint une chanson sur le dicton de
Ramponeau.

318 — Assemblée de Francs-Maçons pour la réception
des maîtres. Costumes français sous Louis XV.
Trois pièces dans le goût de. Romyn de Hoo-
ghe. Quatre pièces.

319 — Le Médecin botaniste et minéralogiste écrasé
par le médecin à la mode.

320 — M. le baron et Mme la baronne de Sotenville,
choqués de la mise ridicule des citoyens in-
croyables et des citoyennes pas possibles. —
Le Café de la Régence en 1795. 2 pièces.

321 — Costume de membre du Directoire et du Conseil
des Cinq-Cents. Deux dessins miniatures.

322 — Bal de l'Opéra vers 1800. *Bosio del.* Planche
coloriée. — La Bouillotte, costumes vers 1800.
Bosio del. Pl. coloriée. 2 pièces.

323 — Costumes de modes du XIXe siècle et autres.
Cinquante-sept pièces, quarante coloriées.

324 — Costumes français : Richelieu, Louis XIV, etc.
Dix-sept pièces.

(1) Jean Ramponneau, vigneron et marchand de vin à la Courtille,
faubourg de Paris ; sa maison était le receptacle des mendiants. Un
esprit de vertige a fait courir en foule le peuple, les bourgeois et les
grands chez lui, au point que ce particulier a gagné (vers 1760) autant
à se montrer, que ceux qui ont des animaux rares gagnent à les faire
voir à la foire. (Note du temps.)

325 — Costumes français : armes, meubles, armure de Godefroi de Bouillon. Vingt-quatre pièces dessinées et gravées par Willemin.

Monuments Funéraires et Décorations.

326 — Jean IV, duc de Bretagne, mort en 1399. Monument dessiné dans l'église de Saint-Pierre de Nantes, par Fr. Jean Chaperon.

327 — Monument funéraire de Henri IV, gravé par Née, d'ap. le dessin original de Porbus. Tiré du cabinet de M. Leclerc.

328 — Tombeau de Gaspard de Courtenay et de Mme Émée du Chesnay, son épouse. — Mausolée de Henri II, duc de Montmorency, en 1652.

329 — Monument funéraire à la mémoire d'Anne d'Autriche. *Ab. Benedictus inuen.* Pièce gravée à l'eau-forte dans le goût de *D. Barrière.*

330 — Monument funéraire du cardinal de Richelieu, gravé par Simoneau, d'après le groupe en marbre de Fr. Girardon, qui est à la Sorbonne. Cinq pièces, vues du monument sous toutes ses faces et le plan. Belles épreuves.

331 — Mausolée du duc de Lorraine, Henri II, à Nancy, et deux autres pièces pour les funérailles, gravé par F. Brentel, d'ap. Claude de Laruelle.

332 — Mausolée de Cl. Berbier du Metz, 1657, d'après Girardon, par S. Leclerc. — Mausolée d'Henri Bonneau, en 1682, posé dans l'église de Tournay. *s. Le Clerc sc.*, d'ap. Girardon. — Marie de Landes, femme de Christian Lamoi-

gnon, son tombeau, par Girardon. Ph. Simonneau fils, *sculp.*, 1706. — Mausolée de Catherine du Chemin, morte en 1698, épouse du sieur Fr. Girardon, sculpteur, qui lui a érigé ce monument. 4 pièces.

333 — Mausolée érigé à la mémoire du chancelier Séguier, par l'Académie, dont il était le protecteur. Belle épr. du 1er état avant que les noms de Le Brun et Leclerc aient été enlevés, et avant les mots pour sa réception à l'Académie. Coll. Debois.

334 — Mausolée fait pour le service de la reine Marie-Thérèse dans l'église Saint-Germain-des-Prés, le 15 sept. 1683. *Marot sculp.*

335 — Sépulcre du cardinal de la Rochefoucault dans l'église de Sainte-Geneviève-du-Mont, à Paris. — Pompe funèbre d'Henriette d'Angleterre, en 1670. H. Gissey. Deux pièces. *Le Pautre sculp.*

336. — Catafalque érigé dans l'église de Stockholm, capitale de la Suède, pour les obsèques de Charles XI, le 24 novembre 1697, gravé par S. Leclerc, en 1697. Épreuve avant la lettre. Très-rare. — Décoration funèbre dans la chapelle sépulcrale du roi Gustave-Adolphe, lors de la déposition du corps d'Adolphe-Frédéric, roi de Suède, en 1771. *Floding scul.*

337. — Mausolée à la mémoire du maréchal de Saxe, élevé dans l'église de Saint-Martin de Strasbourg, gravé par Cars, d'ap. le marbre de Pigal. Épr. rare avant la lettre.

338 — Tombeau de Stanislas le Bienfaisant, roi de Pologne, mort à Lunéville, le 23 févr. 1766. Le portrait de ce roi avec sa signature, lithographié par Laurent. Deux pièces.

339 — Intérieur de l'église des Franciscains, à Goritz, où est enterré le roi Charles X, lithographié par M. le comte Turpin de Crissé. Épr. pap. de Chine.

Portraits de Personnages de tous états

DES RÈGNES DE HENRI II A NOS JOURS, CLASSÉS PAR GRAVEURS.

RÈGNES D'HENRI II, HENRI III, HENRI IV ET LOUIS XIII. 1550 A 1650.

340 — Antoine de Bourbon, comte de Moret, fils naturel d'Henri quatre. *Petr. Bailluc sc.*, d'après Van Dyck. Très-belle épr. du 1er état, avec *J. Meyssens ex.*

341 — Henri 2, roi de France, par *Nicolas Beatricet, en 1558.*

342 — Pierre Ronsard, mort en 1585. *R. Boissart.* — Clément Marot. *La mort ny mord :* R. B. (René Boyvin.)

343 — Messire Michel Larcher, président de la chambre des comptes à Paris, 1647. Joli portrait gravé par *A. Bosse.* Il est rare.

344 — Armand, duc de Richelieu, auquel trois anges présentent le titre de l'ouvrage d'André Du Saussay. *Huret inv., C. Charpignon sculp.*

345 — René de Menou, seigneur de Charnizay, gouverneur du duc de Mayenne. *Chauveau del. et fecit.*

346 — Louis 13 et Anne d'Autriche à cheval ; dans le fond, le château de Saint-Germain, 1640. G. Le Brun in. *Daret sculp. et ex.* Au bas seize vers. Belle pièce. Très-rare.

347 — René, gentilhome croisiqais S. de l'Espine, premier domestique de monseigneur, frère du roy. *Dupré del., Daret sc.* Rare. — Tristan l'Hermite, gr. par Daret, d'ap. Du Guernier, 1645. Deux pièces.

348 — Fr. de l'Hospital du Hallier de Rosnay, marechal de France, agé de 60 ans, en 1614. *J. David del. et sculp.* Rare.

349 — François, duc de Guise, vu de profil en cuirasse et appuyé sur un casque. Attribué à *Etienne Delaulne.* Portrait très-rare.

350 — Autre portrait du même personnage, gravé du temps, d'un burin très-délicat et très-fin, aussi dans le goût d'*Etienne Delaulne.* Très-rare.

351 — Charles, cardinal de Lorraine, assis dans un fauteuil, en 1575, à l'âge de 50 ans. Attribué à Etiennne Delaulne. Très-rare.

352 — Louis XIII, representé à cheval à la chasse. *I. Falk sc.* Belle épr. d'un portrait rare.

353 — Louis XIII. *Falck fecit*, d'après Justin d'Egmont. Belle épr. d'un portrait rare. — Anne d'Autriche, par les mêmes. Pendant du précédent portrait.

354 — Henri d'Etampes, mort en 1678. *J. Frosne sc.*, 1654. — Jean d'Etampes de Valencay, conseiller d'état. *J. Frosne sc.*, 1655. — Jacques Roques, seigneur de Varengeville, conseiller au parlement de Rouen, *Frosne sc.*, 1656. — Sire de Breauté, marquis de Holot, gouverneur de Vallery. *J. Frosne sc.*, 1658, d'ap. Boury. Belle épr. — Gilles Boutault, évêque d'Evreux. *Frosne sc.*, 1658. — Estienne d'Aligre, intendant des finances, fils du chancelier de ce nom. *J. Frosne sc.*, 1655.

355 — Le duc de Lorraine. *Grand prince, souverain enrichi de louenges...*. *Jacq. Grandthome fec., Gourdelle, ex.*

— Louis de Lorraine, cardinal de Guise. Sans nom d'auteurs.

— Feu M. le cardinal de Lorraine. *Ja. Granthome fec., Gourdelle ex.* Rare.

— Loys de Lorreine, cardinal de Guize. *Dedans le circuit d'une ovale petite.*

356 — Charlotte de Harlay, veuve de M. de Breauté, a été Carmelite, morte en 1652. *Grignon fec.* Rare. Non cité dans le père le Long.

357 — Henri quatre, roy de France, par H. Goltzius. Belle épreuve d'un beau portrait.

358 — Jacques Du Lorens, mort en 1644, agé de 64 ans. *Aug. Quesnel del., Cl. Goyrand fec.* Rare.

359 — Budes de Guebriant, marechal de France, representé a cheval. *Greg. Huret inuen et fecit.* Belle épr. d'une belle pièce.

360 — Le cardinal de la Rochefoucauld, Jacques Boisseau, ecuyer. Trois portraits, par G. Huret. Belles épreuves.

R.   2   **361** — Seguier, chancelier. *Gr. Huret, fec.*

1.50   **362** — Saint Bonnet, seigneur de Toiras, marechal de France. *Huret fec.* Belle épr.

Martini   1   **363** — Henri Catherin Davila, historien, né en 1576. *G. Huret fec.*

Rapilly   3   **263 bis.** — Vignerod, abbé de Richelieu. *Gr. Huret del. et fec.* Rare. Non cité dans le père le Long.

Loizelet   2.25   **364** — Ambroise Paré, chirugien à l'âge de 75 ans, en 1584. *Giules Honbeck fecit.* Rare.

Rapilly   6.50   **365** — Henri IV à cheval. Au bas, quatre vers : *Tout cède à la valeur du Phœnix des monarques.....* *I. Halbeeck fec., I. Le Clerc excudit.* Rare.

Blaisot   26   **366** — Le cardinal duc de Richelieu. *Henricus Hondius,* 1634. Belle épr. Rare.

Rapilly   5.50   **367** — Louis 13, Anne d'Autriche, Louis de Bourbon, prince de Condé et le cardinal de Richelieu. Quatre petits portraits dans des couronnes de fleurs. *I. Honcruogt ex.*

Rapilly   16   **568** — Gaston de Bourbon, frère unique du roy ; Henri de Bourbon, prince de Condé ; comte de Soissons, duc de Vendosme ; Henry, duc de Montmorency ; Henry d'Orléans, duc de Longueville ; Louis de Nogaret, Charles de Lorraine, duc de Guise ; Charles de Lorraine, duc d'Elbœuf ; Claude de Lorraine, duc de Chevreuse ; Bernard, duc de la Vallette, sire de Crequy ; cardinaux de Richelieu, et La Rochefoucauld, Francois de Salle, evesque de Geneve ; Franc, archevesque de Rouen. Seize petits portraits du temps. On lit au bas de chaque quatre vers, et *I. Houenogt ex.*

369 — Cesar, monsiéur, gouv. pour le roy en Bretagne. *Paul de la Houue excudit.*

370 — Henri, duc de Montpensier. *Lecteur, voi ce grand duc sacre sang de noz rois.... Paul de la Houue ex.* Belle épr.

371 — Gabrielle d'Estrée, marquise de Monceaux. Au bas quatre vers : *Fleur des beautez du monde, astre clair de la France.....* etc. *Paul de la Houue excud.* Belle épr. d'un joli portrait. Il est très-rare.

372 — Henriette de Balsac. Au bas quatre vers : *Qu'elle passe en beauté les plus belles de France....* etc. *Paul de la Houue excud.*

373 — Pierre Terrail, seigneur de Bayard, chevalier sans peur et sans reproche. *Jaspar Isaac f.*

374 — Pierre Danès, Parisien, ambassadaur de Francois Ier au concile de Trente, en 1546, eveque de Lavane, mort en 1577, agé de 82 ans. Rare.

375 — Nicolas Benard, Parisien, a l'age de 25 ans, *Gaspard Isaac fecit.* Belle épr.

376 — Saint Cloud, petit fils du roi Clovis, *Sevin del.* A Paris, chez Landry. Saint François de Sales, et Michel Baudran, prieur de Rouvray. *Landry sc.*, 1681, d'apr. Facie. — Reverend Pere Jérome Ari. *Landry sc. 1663*, d'ap. S. Gribelin. Non cité dans le père le Long. En tout quatre pièces.

377 — Jacques Amyot, Rene Descartes et le cardinal Duperron. Trois portraits par N. De Larmessin. Belles épr.

378 — Charles de Valois, duc d'Angoulême, fils naturel de Charles IX et de Marie Touchet. *Michel Lasne, 1645.*

379 — Louis XIII enfant, assis en manteau royal, *M. Lasne fe.* Belle épr. d'une pièce rare.

380 — Jean Francois de Gondy, 1er archeveque de Paris, mort en 1654, agé de 70 ans. *M. Lasne fecit.* Beau portrait.

— Le même, plus en petit. *M. Lasne fecit.*

381 — Le Cardinal Duperron. Herbin *pinx.* *M. Lasne.*

— Francois de Harlay, seigneur de Chanvalon, archevêque de Rouen, d'ap. Dumonstier, 1625, par M. Lasne. Épr. rognée. — Pierre Seguier, chancellier, par M. Lasne. Épr. rognée. — Autre portrait du même, par M. Lasne. Épr. rognée. — Michel Ferrand, conseiller au parlement de Paris, age de 67 ans, en 1651. *M. Lasne del. et fec.* — Nicolas Ysambert, theologien, mort en 1642. *M. Lasne fec.* — Pierre Nivelle, eveque de Luçon. *M. Lasne del. et f. 1651.* Huit portraits.

382 — Le Cardinal de la Rochefoulcaud, mort en 1645. *M. Lasne del. et fecit.* — Henri de Sponde, secretaire de la reine de Navarre, et eveque de Narbonne. *M. Lasne del. et fe.* — Pierre de Marcassus, regent de 3me au collège de la Marehe. D. du Monstrer *pinx. M. Lasne fecit.* — Nicolas de Verdun, premier president à Paris. par *M. Lasne.* — Ant. de Lomenie, secretaire d'etat. Ferdinand *pinxit* 1622. *M. Lasne sculp. 1637.*—Sebastien Hardy, Parisien, tresorier de France au Mans. *M. Lasne del. et fecit.* Six portraits.

383 — Cardinal de Berulle, mort en celebrant la messe, le 11 octobre 1629, par *M. Lasne*. Épr. avant la lettre.

Rapilly

384 — Louis XIII ; à sa droite un aigle. Anne d'Autriche ; à sa droite un paon. Ces deux portraits ornent l'ouvrage les amours du roi et de la reine figurés Jupiter et Junon, par Pujet de la Serre.

Cl. (*pour Pecast*)

385 — Anne d'Autriche en costume de veuve. On lit au bas :

> Ce que l'Espagne a de beauté
> Se rassemble dans ce visage
> Anne l'eut pour son appenage
> Aussi bien que la chasteté.

Danlos

386 — Choart porte arquebuse sous Louis XIII, par Michel Lasne. Portrait rare, qui n'est pas cité dans le père le Long. Épreuve avant la lettre, seulement les armes.

Cl.

387 — Jean de Saint Bonnet de Toyras, mareschal de France. A Paris, par *M. Lasne* et *Isaac Briot..* 1632. Beau portrait. Il est rare.

Blaisot

388 — Le Comte de Saint-Aoust, marechal des camp et armées du roy. *M. Lasne del. et fec. et ex.* 1649. Rare.

Cl. (*pour Pecast*)

389 — Le Cardinal de Richelieu. *M. Lasne.* — Le Cardinal Mazarin. *M. Lasne del. et fe.* — Paul de Gondy de Retz, coadjuteur de l'archeveque de Paris. *M. Lasne del. et fecit.* — Louis, sieur de Maine, baron de Chabans. *M. Lasne fec. Mariette excudit.* — Clement Metezay, architecte et ingenieur du roy Louis 13. Cinq portraits.

Rapilly

390 — Loret, abbé de Carentan, 1656. *Michel Lasne f.
ad ui.* Ce portrait orne ses œuvres. On y a
joint le titre de la muse historique, ou recueil
de lettres ecrites a Mme de Longueville, par le
sieur Loret, 1656. *F. Chauveau f.*

391 — Nicolas de Bailleur, surintendant des finances,
chancelier de la reine et président au parlement. *M. Lasne in. et fec.*— Henri de Mesme
president-a-mortier. *M. Lasne del. et fecit.*

392 — Rabelais, docteur en medecine. *M. Lasne fe.*
Chez P. Mariette, A l'Esperance. Rare.

393 — Mazarin debout, tenant un livre de la main
gauche. *M. Lasne fe. et ex.* 1658.

394 — Nicolas de Neufville, seigneur de Villeroy.
M. Lasne fec.— Michel Le Masle, prieur des
Roches. *M. Lasne fe.*— Michel de Marillac,
chancelier. *M. Lasne del. et fec.* Superbe épr.
d'un joli portrait.

395 — Nicolas Faber, Nicolas Richelet, Michel l'Hospital, George d'Amboise, Ant. L'Hote, etc. Neuf
portraits, par M. Lasne et autres.

396 — George de Scudery. *Et Poëte et Guerrier, il aura
du laurier,* par M. Lasne. Rare.

397 — Ant. Vigier, pere de la doctrine chrétienne, un
des premiers compagnons de Cesar de Bus.
Co. Lauwers sc., d'ap. lo Cossiers. Sup. épr.

398 — Charles de Lorraine, duc de Mayenne, lieutenant géneral de l'état pendant la ligue. Il
porte le chapelet de la ligue. *Faict par le
Blond.* Au bas, les vers suivants :

Mon père et mes ayevx, mes oncles et mes freres,
Pour l'honnevr des Françoys ont souvent combattv ;
Mais de raviver l'estat et la foy de levrs peres,
C'est un point qvi n'est dev qva ma sevle vertv.

Portrait extrêmement rare.

399 — Charles de Bourbon, comte de Soissons. *Un Dieu fut le parrain de ce cœur magnanime.* Leonard Gaultier fecit.

— Le même personnage. *La frayeur des mutins est dessoubs cette armure.* Paul de la Houue. Très-belle épreuve. Rare.— *Leonard Gaultier fecit.* 1596. Francois de Bourbon, prince de Conti. *Sous un armet d'assier voy le fils de Bellone.....* Jean Leclerc.

400 — Henri de Bourbon, prince de Conti, âge de xi ans; il est à cheval. *L. G. J. Leclerc ex.*

— Charles de Bourbon, comte de Soissons, grand maître de France. *L. Gaultier, 1596.*

— Henri de Bourbon, prince de Conti, âgé de 16 ans en 1624. *Dedans ces yeux et dessus son visage.* Belle épreuve.

401 — Ph. Gamaches, docteur en Sorbonne, mort en 1625. *L. Gaultier sc.* Belle épr.

— Révérend père Petit, mort en 1610, à l'âge de 72 ans. *L. Gaultier sculp.*

— Henry duc de Montpensier. J. Leclerc ex.

402 — Nicolas Brulart de Sillery. *L. Gaultier sculp.* Belle épr.

— Henry de Gondy, evesque de Paris. 2 épr. avec les vers au bas différents.

— Cardinal d'Ossat. *L. Gaultier incidit, 1624.*

403 — Saint Louis, roi de France. *L. Gaultier incidit.* Rare.

— Louis Saint-Jehan et Louis Henri. Ces deux portraits sont ceux de deux jeunes Indiens célèbres à Paris vers 1610.

404 — Sébastien Rouillard, jurisconsulte; Métezeau, ingénieur, 1610; Pierre de Besse, théologien,
1618. *L. Gaultier incidit.* 3 portr.

405 — Anne duc de Joyeuse, pair et admiral de France.
Th. de Leu fe. et ex.

— Henri prince de Lorraine, marquis du Pont. *Th.
de Leu ex.*

— Jean de Bourbon, comte d'Enguien.

— Henri de Savoye, duc de Nemours, à l'âge de
26 ans. *Thom. de Leu ex.*

406 — Le conetable Charles de Bourbon. *Thom. de
Leu fe.*

— Antoine de Bourbon, roi de Navarre. *Thom. de
Leu fe.*

— Catherine de Medicis, reyne-mere du roy. *Tous
les siécles passez des royautez humeines..... Th.
de Leu fe. et ex.*

— Alienor d'Austriche, royne de France. *Ainsi que
le soleil vient à chacer l'orage... Th. de Leu f.
et exc.* Belle et rare.

407 — Catherine de Bourbon, sœur unique du roy.
Quid void ce beau portrait.... Jean Leclerc ex.

— Blaise de Vigenere, Bourbonois, à l'âge de 73 ans,
en 1595. *Th. de Leu fec.*

— Charles de Bourbon, cardinal de Vendosme. *Th.
de Leu et ex.*

— François de Bone de Lesdiguieres, âgé de 53 ans,
en 1596. *Th. de Leu fe.*

408 — Jeanne de Cocesme, princesse de Conti. *Ce portrait plein d'honneur de vertu et de gloire.....*
Quesnel. *pinx. Th. de Leu sculp.*

— Charles Emanuel, duc de Savoye, prince de Piémont. *Thomas de Leu exc.*

— Antoine Caron, peintre, à l'âge de 78 ans. *Thomas de Leu fe.*, 1599.

— Henri Aubert de Paris. *Jac. Thevet p., Th. de Leu sculp.* Belle épr. d'un joli portrait. Rare.

— Louise Bourgeois, célèbre accoucheuse, à l'âge de 45 ans. *Thomas de Leu fe.* 5 p.

409 — Thomas Sonnet, sieur de Courval, docteur-médecin, âgé de 33 ans en 1610. *L. Gaultier sculp.* Belle épr. d'un portrait rare.

410 — Henry IV, à cheval et cuirassé. Titre de livre. *L. Gautier,* 1608.

— Le même, dans une niche architecturale. *L. Gautier,* 1610.

— Le même. On lit dans des banderoles : *Bon roy, bonheur.* Petit portrait très-fin de gravure. Très-rare.

411 — Henri IV, roi de France. *Bunel pinx.,* 1605. *Thomas de Leu fe.*

412 — Catherine de Bourbon, sœur unique du roi Henri IV. *Qui void ce beau portrait cette auguste aparence..... Jean Leclerc ex.* Rare.

413 — Le même personnage. *D'Arlay pinx. Th. de Leu fecit..* Superbe épr. d'un portrait très-rare. Le titre du bas manque.

414 — Marie de Medicis, princesse de Florence. *Princesse dont le nom honnora ta naissance.... Th. de Leu fecit.*

415 — Pierre Ronsard, son portrait sur le titre de ses œuvres, publiées en 1618, à Paris, chez Buon. *L. Gaultier sculp.,* in-fol. Autre titre en 1617, in-8. *L. Gaultier sculp.* Rare.

— Ambroise Paré, Guillaume Budé et Robert Garnier. 3 petits portraits par L. Gaultier.

— Gamache, mort en 1625 à l'âge de 57 ans. *L. Gaultier incidit.* 6 p.

416 — François Ier, François II, Henry II, Charles IX, roys de France; par Thomas de Leu.

417 — François de Valois, Ier dauphin de France. *Paul de la Houue excud.*

418 — Henri IV, buste dans un cartouche. *L. Gaultier incidit, I. Messager excud.* Belle épr.

419 — Henri IV, par Thomas de Leu. Autre joli portrait sans nom de graveur, et un avec P. de Jode excudit. 3 p.

420 — Marie de Médicis, reine de France, 1600. Au bas 4 vers : *Princesse dont le nom honnora ta naissance. L. Gaultier fecit, I. Leclerc. ex.* Belle épr.

421 — Marguerite de Valois, reine de Navarre. *Si le pinceau pouvait animer cette image. Léonard Gaultier fecit.* Belle épr. rare.

422 — Louis XIII enfant et Henriette de France. Deux portraits par Léonard Gaultier. Belles épr. rognées à l'ovale.

423 — Louis XIII et Anne d'Autriche dans une bordure ronde de fleurs, aux coins des armes et des trophées. *Léonard Gaultier incidit,* 1629. Rare.

424 — Henri d'Orléans, duc de Longueville, gouverneur pour le roy en Picardie. *L. Gaultier incidit, Jean Leclerc excudit.* Belle épr. d'un beau portrait.

425 — La feu royne d'Écosse (Marie Stuart). Au bas, 4 vers : *Je neus point de pareille en ma beauté divine... L. Gaultier. P. Gourdelle excu.*

426 — Les ducs de Guise, de Joyeuse, d'Épernon et de Mercœur. Quatre portraits par *L. Gautier, 1587, P. Gourdelle excu.*

427 — Michel L'Hospital, 1586. *L. Gaultier.* Belle épr.

428 — Jacques Amyot, évêque d'Auxerre. *Léonard Gaultier incidit.*

— Étienne Pascal, avocat, mort en 1615 ; par Léonard Gaultier.

429 — Henri de Bourbon, prince de Condé, à l'âge de 8 ans. *Th. de Leu fecit.* — Fr. de Bourbon, prince de Conty ; Charles de Bourbon, comte de Soissons, le cardinal de Richelieu. 4 portr.

430 — Catherine de Medicis, reyne-mère du roy. *Th. de Leu fe. et ex.*

431 — Alienor d'Austriche, royne de France. Au bas, 4 vers : *Ainsi que le soleil vient chacer l'orage... Thomas de Leu f. et exc.*

432 — Henry III ; Louis de Bourbon, prince de Condé ; Charles, duc de Lorraine ; Charles de Bourbon, cardinal de Vendosme. 4 portr. par *Thomas de Leu.*

433 — Henri d'Orléans, duc de Longueville ; le duc de Mercœur ; Louis de Nogaret ; Louis de Lorraine, cardinal de Guise ; Charles de Lorraine, duc de Lorraine. 5 portr. par Léonard Gaultier et Thomas de Leu.

434 — Le pourtraict au vif de la mère Terese de Jésus, fondatrice des religieux et religieuses Carmes deschaussés, morte en 1582, âgée de 68 ans. *C. de Mallery fe.*

— Raymond, astronome. *C. de Mallery fecit.*

— Garnier, poëte. *Tel fut Garnier qui malgré l'igno-rance...* Rabel pinxit, *C. de Mallery scul.*

— Titre des tragédies de Robert Garnier, à Rouen. Léon. Gaultier. 1604. 4 p.

435 — Louis XIV sur son trône. Titre du Code de Louis XIV, 1re partie. *Cl. Mellan*, 1667.

— Henry, duc de Montmorency, pair et maréchal de France. *C. Mellan F.*

— Agathe de Chatillon, femme de Claude de Marolles, morte en 1630. *Mellan sc.*

— Madame Henriette Anne, princesse de la Grande-Bretagne. *Cl. Mellan del f.*

— Henriette Maria de Bade Frontenac. *C. Mellan,* à Paris, chez Gailliard.

436 — Anne d'Autriche, en veuve. *C. Mellan G. del et f.* Rare.

437 — Louise Marie de Gonzague, princesse de Pologne. *C. Mellan G. del. et f.*

438 — Charles de Bouques, jurisconsulte, à l'âge de 31 ans. *C. Mellan del et sc.*

— Nicolas Coeffeteau, évêque de Marseille, d'après Dumoutier. *C. Mellan sc.* Rare.

— Nicolas-Claude Fabricivs de Peirese. *C. Mellan G. del F.* Deux épr., une 1er état avant la planche réduite pour la suite d'Odieuvre, plus une copie.

439 — Claude Mellan, peintre et graveur; cardinal de Bentivolio, Pierre Gassendis, de Gondy, etc. Cinq portraits par *Cl. Mellan.*

440 — Villemontee, evesque de Saint-Malo. *C. Mellan del et f.*, 1661.

— Cl. de Rebe, archevêque de Narbonne. *Cl. Mellan G. del. et sculp.* Très-belle épr.

— Levi de Ventadour, trésorier de la Sainte-Chapelle de Paris et archevêque de Bourges, mort en 1662, *C. Mellan.*

441 — De Barclay, conseiller d'état du duc de Lorraine, par Mellan. 2 portr.

— Joseph Trvllier, medecin. Cl. Mellan sc. Belle épr. rare.

442 — Henri IV. *Morin sc.* d'après Ferdinand.

443 — Anne d'Autriche, régente, d'apr. Champaigne, par J. Morin.

444 — Cardinal de Richelieu, d'apr. Champaigne, par J. Morin. Belle épreuve.

445 — Michel Le Tellier. *I. Morin sc.,* d'ap. Champaigne.

446 — Robert Arnauld d'Andilly. *I. Morin sc.,* d'ap. Champaigne.

447 — Nicolas de Neufville, marquis de Villeroy, maréchal de France. *I. Morin scul. c. p. r.,* d'ap. Champaigne.

448 — Charles de Valois, duc d'Angoulesme. *I. Morin sc.,* d'ap. Champaigne.

449 — Jeanssenius. *I. Morin sc.* Belle épr.

450 — Jacques Tubœuf, intendant des finances. *I. Morin scul.,* d'ap. P. de Champaigne.

— Hyp. Brachet de la Milletière. *I. Morin scul.,* d'ap. Ph. Champaigne.

450 bis. — Le même portrait.

451 — Nicolas de Netz. *I. Morin sc. c. p. r.,* d'ap. Champaigne.

452 — Omer Talon, avocat-général. *I. Morin sc. et ex.*, d'ap. Champaigne.

453 — La comtesse de Bossu. *I. Morin sc.*, d'ap. Van Dyck.

— Marguerite Lemon, d'ap A. Van Dyck, par Morin. Planche rognée, avec une bordure ajoutée, sur la tablette on lit : Jeanne Gray.

454 — Michel de Marillac, garde des sceaux de France. — René de Longueil, seigneur de Maisons. *I. Morin scul.*, d'ap. Ph. de Champaigne.

455 — Le comte d'Harcourt, maréchal de France; Michel Le Tellier; Jansenius, etc. Quatre portraits par Morin. Rognés à l'ovale.

456 — Cardinal Mazarin. Montcornet, exc. 1660, in-4.

— Messire N. Fouquet. B. Montcornet *exc.*, 1661.

— Henry de la Tour d'Auvergne, vicomte de Turenne. Montcornet *ex.* Sa mort, gravé par Prevost, en 1780. 2 p. in-4.

457 — Marguerite de Lorraine, petite fille de René de France, morte religieuse en 1521, in-4. Le vrai portrait de saint Vincent de Paul. *A Paris, chez Neveu.* 2 p.

458 — Louis de Bourbon, 2ᵉ du nom, prince de Condé; il est à cheval. *A Paris, chez B. Montcornet.*

— N. de L'Hospital, marquis de Vitry, maréchal de France; il est à cheval. *A Paris, chez B. Montcornet.*

— Jean de Gassion, maréchal de France; il est à cheval. A Paris, chez *B. Montcornet.* 3 portr. rares.

459 — Eustorge de Beaulieu, représenté en Hercule. *Crispin Passe inv. et fe.* Rare. On lit :

Beaulieu ayant veu ton image
Celluy qui lira tes escrits
Te donnera cet aduentage
D'estre au rang des plus beaux esprits.

460 — Nicolas Triboulot, seigneur de Périgny, lieutenant criminel au présidial d'Auxerre. *Crispin de Passe fecit.* Belle épr. rare.

461 — Henri IV, 1596. Sans nom de graveur, qui est Crispin de Passe. Rare.

462 — Simon Vouet, peintre, 1632. *F. Perrier fecit,* à l'eau-forte. Belle épr.

463 — J. Aug. de Thou, *J. Pesne pinxit et sculp.* Belle épr. d'un portrait très-rare ; elle est rognée.

464 — Henri Charles de la Trémouille, prince de Tarente. I. de Banc pinx. 1664. *P. Philippe sc. Hagæ.* Belle épr. d'un beau portrait ; il est rare.

465 — César Cardinal Baron. *J. Picart,* 1638, Ciartres *excudit.*

— François de Harlay, archevesque de Rouen, 1638. *J. Picart incidit del.* Rare.

466 — Louis XIII. *J. Picart incidit.* Pour le tome IX du Mercure français. Belle épr. d'un 1er état. Rare.

— Le même portrait, retouché, ayant servi pour le tome XII du même ouvrage.

— Louis XIII, à cheval. *J. Picart incidit.* Pour le tome XIII du Mercure français.

— Jean de Saint-Bonnet de Toyras, mareschal de France, 1631. *J. Picart del et fe.*

— Pierre de Fabry, procureur général en la grande chambre de l'édict de Castre. *Jean Picart incidit.*

467 — Henri Louis Castanay de la Rochepozay, évêque, mort à 42 ans, en 1619. *I. Picart,* 1638. Non cité dans le Père Lelong.

— Six portraits sur le titre : Histoire genealogique de la maison des Briconets. Paris, 1621. *I. Picart fecit.* Rare.

468 — Jeanne, reine de France, fille de Louis XI, mourut en 1505. *Picquet incidit.*

— Pierre de Renol, sieur de Vertelame. Belle épr. avant le nom de *J. Piquet,* 1621.

— François Loubaissin de Lamarque, en 1617, âgé de 29 ans.

— François Molière, sieur d'Essertines, en 1618, âgé de 18 ans. D. Dumoustier pinxit. *Piquet faciebat.*

469 — Pierre, cardinal de Berulle. P. de Champaigne *pinx. N. de Plate Montaigne sculp.,* 1661. Morin *exc.* Belle épr. d'un beau portrait.

470 — Pierre Monnerot, conseiller, secrétaire d'État. *N. Plate Montaigne pinx. et sculpebat,* 1659. Belle épr. avec la signature de *Mariette,* 1669.

471 — Olivier de Castellan, maistre de camp general de cavalerie. *N. de la Platte Montaigne scul.* Morin *ex.*

472 — Vincent Barthélemy de Rethel, avocat consultant. *N. de Platte Montagne del et sc.,* 1657.

— Roger Omoloy, prêtre irlandais. B. de Champaigne ad viuum del. *N. de Platte Montaigne scul.* 1665. Belle épr. du 1er état.

473 — Cardinal de la Rochefoucauld, mort en 1645, à
l'âge de 88 ans. Gravé par Paul Roussel. Rare.

474 — Saint François de Sale. *G. Rousselet sc.*, d'ap.
Le Brun.

475 — Cardinal de Richelieu ; il tient un lion et un aigle
enchaînés. Sans nom d'auteur. Rare.

— Le même, en pied, au bas dix vers : *L'on dit que
les siècles empirent.....* Guérineau *excud.*, avec
privilége. Rare.

476 — Guénault, médecin. *G. Rousselet sc.* 1658, d'ap.
G. Seue.

— Le même portrait, la planche rognée.

— Roussel de Grancey, évêque de Sées. *Reg. Rousselet del et sculp.*, 1654. Non cité dans le père
Lelong.

477 — Charles de Valois, duc d'Angoulême, fils naturel
de Charles IX et de Marie Touchet. *Rousselet
sc.* d'ap. Champaigne.

— Autre portrait du personnage. *Aug. Rousselet sc.
P. Paillot ex.*

— Henriette d'Angleterre, en veuve. Gravé par
Rousselet. Belle épr. rognée à l'ovale.

477 bis. — Charles de Noailles, évêque de Rodes. *Fran.
Ragot fecit.* Belle épr.

478 — Fr. de Loberan de Montigny, employé par
Henri IV à plusieurs ambassades importantes.
M. Tavernier fecit. Rare.

479 — Pierre Vallet, 1608, brodeur ordinaire du roi.
Belle épr. d'une pièce à l'eau-forte.

480 — Louis de Gonzague, duc de Nivernais, mort en
595. *G. Vallet sc.*

481 — Louis Guez, seigneur de Balzac. *G. Vallet sc.* 1665. Belle épr.

482 — Mareschal de La Force. *N. Vienot fecit, I. Valo^t excudit.* Très-rare.

483 — Anne d'Autriche. *L. Visscher sculpebat,* Van Loo *pinxit excudit.*

484 — Claude Maugis, abbé de Saint-Ambroise, aumônier du roy Louis XIII et de la reine Marie de Médicis. Grand curieux d'estampes. *L. Vorsterman sc. et ex.,* d'ap. Ph de Champaigne.

485 — Augustin de Thou. d'ap. D. Dumoustier, par S. Vouillemont. Belle épr. avec la signature de Cl. Aug. Mariette, 1694.

486 — Silvestre de Marcillac, évêque de Mende, mort en 1660. *Séb. Vouillemont sculp.* Belle épr.

487 — Balzac d'Entrague, marquise de Verneuil, maîtresse de Henri IV. Grav. par Jérôme Wierix, en 1660. On lit dans la marge :

Tout le beau des beautez des empyricques dieux
Tout l'honorable port toute la grace exquize
Des aultres deitez sont icy, comme es cieux
Dans l'admirable esprit de cette alme marquise

PORTRAITS FRANÇAIS DE DIVERS PERSONNAGES,

JUSQU'EN 1650,

PAR DES GRAVEURS ANONYMES ET AUTRES.

488 — Charlemagne, par Léonard Gaultier. Autre portrait, Saint Louis. *N. de Math exc.* Charles, duc de Bourgogne. François de Valois, 1er dauphin de France. 5 pièces.

489 — Charlemagne, en pied. Gravé par Haas, à Berlin, en 1820.

490 — Louis XI et François Ier. 3 portr.

491 — Louis d'Anjou, 2e du nom, roy de Jérusalem, mort en 1417. René d'Anjou, roy de Jérusalem, mort en 1480. Deux portraits gravés sur des pastels du temps.

492 — François Ier. Quatre pièces dont un dessin au trait.

493 — François II, Catherine de Medicis, Charles IX, et Antoine de Bourbon, roy de Navarre. Quatre portraits en pied, gravés d'après des miniatures du temps.

494 — Henri II, roy de France; Charles II, cardinal de Bourbon; François de Coligny. Trois portraits d'après des dessins de Janet, de la collection du comte de Carlisle, par Ryder. Épr. papier de Chine.

495 — Henry IV, 1595. Henry de Montpensier, connétable de France, à 64 ans. Henry duc de Montpensier. Trois portraits rognés à l'ovale.

496 — Henri IV, d'ap. Porbus, 1610, par Alex. Tardieu, 1788.

— Henri IV enfant, d'ap. Janet, par A. Tardieu. Belle épr. avant la lettre.

497 — Henri IV, cuirassé et à cheval; gravé en manière noire par Turner, d'après une estampe très-rare de R. Estrarke (1). Épr. avant toute lettre.

(1) Nous croyons qu'il y a erreur de l'éditeur anglais : ce portrait est plutôt copié sur celui de Léonard Gaultier, dont il est la représentation exacte; seulement il est en sens invers.

498 — Henry de Bourbon, prince de Condé; César de
Bourbon, duc de Vendosme; Louis, cardinal
de La Vallette. Trois portraits du temps.

499 — Franç. de Lorraine, duc de Guise, en armure et
en pied. Pour la galerie de Richelieu.

500 — Duc de Guise le Balafré; Charles de Bourbon,
connétable; Henri de Lorraine, comte de Cha-
ligny; Henri, prince de Lorraine, marquis du
Pont; Charles Gontaut Biron. Cinq portraits
du temps. Belles épr.

501 — Ant. Bourbon, roy de Navarre, Jean de Bourbon, comte d'Enghien, et Charles de Lorraine,
duc du Mayne. 3 portraits.

502 — Louis XIII et Anne d'Autriche. *Mich. Van Lochon excud.* 2 portr., belles épr.

503 — Louis XIII et Anne d'Autriche, gravés du temps
sur une même planche.

504 — Louis XIII et Anne d'Autriche. *N. de Mathonicre
excud.* Superbes épreuves, rare.

505 — Louis XIII à cheval sur un piédestal; deux anges
le couronnent. Belle épreuve rognée.

506 — Louis XIII en pied en manteau royal; trois anges lui apportent des couronnes; posé sur un
piédestal, il terrasse l'Envie, la Discorde et la
Rebellion. Dans le fond, il fait son entrée dans
La Rochelle. Belle épr. d'une pièce rare du
temps. Rognée du bas.

507 — Anne d'Autriche vue debout jusqu'aux genoux
dans un riche costume florentin; au bas, quatre vers : *Anne, l'astre d'Espagne et la rose nouvelle*, etc. Belle épr. rare, mais rognée du
bas.

508 — Gaston, frère unique du roy. Au bas, quatre vers :
Qoy qu'en ses jeunes ans par miracles on l'admire,
etc. — Loys de Bourbon, comte de Soissons.
Avoir la ressemblance et la valeur d'Achille...,
etc.

509 — Loyse de Lorraine, douairière de France. Superbe
épreuve.

510 — Janne d'Albret, royne de Navarre, mère de
Henri IV. *Voy le tige sacré d'une race divine...*
Belle épreuve rare.

511 — Guill. de Vair, chancelier, mort en 1622. Belle
épr. du premier état : la même, deuxième
état ; la planche rognée pour Odieuvre.

512 — Charles Boromé, François de Salle, Danes, évêque de Toulon, le cardinal de Guise, le cardi-
dinal de Bourbon, Michel de Marolles, etc.
9 portraits, par Thomas de Leu, Huret, Lenfant et Mellan.

513 — Maître Adam, poète, menuisier de Nevers.

514 — César Nostradamus, fils de Michel Nostradamus,
mort en 1620, à l'âge de cinquante-neuf ans.
Rare.

515 — Guillaume Budé, mort en 1540 ; Cujas. 5 portraits.

516 — François Rabelais, d'après Léonard de Vinci.
D. M. sculp., 1770. Très-rare.

517 — Henri-Antoine Laval, médecin, mort en 1602
Très-belle épreuve d'un joli portrait.

518 — Gabrielle d'Estrée. Lithographiée par Mauzasse,
épreuve papier de Chine.

519 — Abbé Suger, représenté en pied pour la galerie
de Richelieu.

519 bis. — Saint Vincent de Paul. *N. Pitau sculp.* Simon Francoys pinx.

— Le Vray Portrait de saint Vincent de Paul. *A Paris, chez Neveu,* in-4º

RÈGNE DE LOUIS XIV, 1650 A 1715.

520 — De Vic, archevêque d'Auch, mort en 1661. *K. Audran sculpsit* 1655, d'apr. Carette. Rare.

521 — Jean-Baptiste Colbert, d'après C. Lefebvre, par B. Audran.

— Henry de Beringhen, premier écuyer. *Nanteuil delin.* 1663. *Bened. Audran scul.,* 1710. Belle épr. d'un beau portrait.

522 — J.-B. Colbert. *B. Audran scul.* d'après C. Lefebvre. Rogné à l'ovale.

— Saint Jean de la Croix, par *J. Audran.*

— Pierre Danet, parisien, abbé de Saint-Nicolas de Verdun. *J. Audran sc.*

523 — La Duchesse de La Vallière. *H. B., sc.* (Henri Bary), Clément de Jonghe, ex. Belle épr. d'un portrait très-rare.

524 — Gaston de Rohan, cardinal, grand aumônier de France, mort en 1749. *L. Cars sc.* d'après Rigaud.

524 bis. — Charles Perrault, contrôleur desbâtiments de Sa Majesté. *Et. Baudet sc.,* 1675, d'après Lebrun, 1665. Belle épreuve.

525 — Guy de Sève de Rochouart, évêque d'Arras. *Baudet sculp.,* d'après Paul Mignard.

525 — Armand-Jean Le Bouthillier de Rancé. *Nic. Bazin sculp.,* d'après H. Rigaud.

— Helyot, conseiller à la cour des Aides, mort en 1686, dessiné et gravé par N, Bazin.

526 — Alex. Le Ragois de Bretonuilliers. *L. Barbery sculpsit*. Montagne pinxit. Belle épreuve.

527 — Madame de Miramion (Marie Bonneau), institutrice, fondatrice et supérieure de la Congrégation des Filles de Sainte-Geneviève, morte à Paris en 1696. *Louis Barbery scul.*, d'après P. Mignard.

528 — Laurent Fliscus, nonce et archevêque d'Avignon. *A. Bouys pinx et sculp*. Très-belle épreuve.

529 — Gros de Boze. *Bouys pinx. et sculp.*, 1708. Belle épreuve.

530 — Fr. René, marquis du Bellay, gravé par Bouis.
— Nicolas Boileau, sieur Despréaux. *A. Bouys pinxit et sculp.*

531 — Michel Nostradamus, habile médecin et fameux astrologue, mort à Salon en 1566. *J. Boulanger fecit*. Rare.
— Raymond Vieussens, médecin de Montpellier. *Mathieu Boulanger fe.*
— David Lagneau, provençal, médecin du roi. *J. Boulanger fe.*
— Le R. père Desrivières, de l'ordre des Minimes, mort en 1613. *L. Boulanger sculp*. A. D., in-
— René de Ceriziers, prêtre. *J. Boulanger sculp.*

532 — Sébastien Bourdon, peintre, *ipse*, gravé par Boutrois. Deux épreuves, une avant toute lettre.

633 — Prosper Joliot de Crébillon, gravé par Bradel en 1770, d'après G. Doyen. Rare.

534. — Perin du Pont, 44e grand maître de Malte en 1234.
L. Cars sc.

— Gaspard de Real, conseiller du roy. *L.-F. Cars
sc.*, d'après I. Ranc.

— Pierre d'Hozier, généalogiste des ecuries du roy,
mort en 1660. *L. Cars sc.*

— René d'Aubert de Vertot à l'âge de 71 ans. *L. Cars
fils sc.*, d'après J. Delyen.

— Chevalier d'Orléans, grand prieur de France.
L. Cars fils sc.. d'après J. Raoux.

535 — Melchior de Polignac, par *I.-F. Cars, sc.*, d'a-
près Rigaud.

536 — Paris de Montmartel, banquier de la cour, d'a-
près Louis Toqué, par Cathelin. Portrait curieux pour la décoration de l'appartement où
est assis le personnage.

537 — Louis de Boucherat, chancelier de France. *N.
Chasteau in. et fe.* Bonnart ex. Rare.

— J.-B. Colbert. *G. Chasteau fecit.*

538 — Marie, princesse de Pologne, reine de France,
gravé par Jacques Chereau. d'après Vanloo.
Beau portrait.

539 — Bayle, mort en 1706 à l'âge de vingt-huit ans.
Chereau fecit.

— Taffoureau de Fontaine, évêque d'Alet, mort en
1708. *Fr. Chereau fecit*, d'après Rigaud.

— Louis-Antoine de Pardaillan de Gondrin, gravé
par F. Chereau, d'après Rigaud. Belle épreuve.

540 — Fr. de Berton de Crillon, archevêque de Vienne.
I. Coëlmans sculp., 1707, d'après A. Bouys.
Portrait très-rare non cité dans le Père Le-
long.

541 — Jacques de Soleysel, escuyer du roy, dans sa grande écurie, mort en 1668, âgé de 63 aus. *L. Cossin scul.*, belle épreuve avant la lettre. Rare.

542 — Jean Ant, abbé de Maroulles, dessiné et gravé par son ami Coypel.

— Deux copies du portrait précédent. Elles sont sans nom d'auteur.

543 — Antoine de Baudran, parisien, prieur de Rouvray. *Crepy sc.*, 1699, d'après Vignon.

544 — Catherine Mignard, comtesse de Feuquière, gravé par Daullé en 1735, d'après P. Mignard.

545 — J.-Fr. de Chastenet de Puysegur, maréchal de France. *Daullé sculp.*, 1748, d'ap. R. Tournière. Belle épreuve d'un beau portrait.

— Fénelon, archevêque de Cambray. *Daullé sc.*, 1739. J. Vivien pinxit.

— Jean Racine. *Daullé*, 1752. Très-belle épreuve.

— Fabert, maréchal de France. *J. Daullé sc.*

546 — Cl. Deshais Gendron, médecin de la Faculté de Montpellier. *Daullé*, 1737, d'après Rigaud, épreuve rognée.

— Franç. de La Peyronie, chirurgien, mort en 1747. Sur le bureau devant lequel il est assis se voit l'estampe décrite au numéro 53 de ce catalogue. Gravé par Daullé en 1755, d'après Rigaud. Très-belle épreuve.

547 — Guillaume de Vintimille, archevêque de Paris. *J. Daullé sculp.*. d'après Rigaud.

548 — Jean-Baptiste Rousseau. *J. Daullé*, d'après Aved. Belle épreuve d'un beau portrait.

549 — Jean Crosnier. *Car. Delahaye ad viuum del et sculp*. Rare.

550 — Bossuet evesque de Meaux, d'après Rigaud Desrochers, ex. Belle épreuve.

551 — J. B. Colbert, ministre d'Etat, gravé par Dossier en 1709, d'après Rigaud. Très-belle épreuve.

552 — Samuel Bernard, conseiller d'Etat, gravé par Drevet en 1729, d'après Rigaud, épreuve avant le mot conseiller d'Etat. Manque de conservation.

553 — Louis XIV en pied en manteau royal, d'après Rigaud, par Drevet. Belle épreuve.

554 — De Cistenay du Fay, capitaine aux gardes françaises. *P. Drevet sc.*, d'après Rigaud. Belle épreuve, petit chef-d'œuvre de gravure.

555 — Robert de Cotte, intendant des bâtiments, jardins, arts et manufactures, gravé par P. Drevet, d'après Rigaud.

556 — De Tressan, archevêque de Rouen, au pied de la Vierge, gravé par Drevet, d'après Vanloo. Jolie petite pièce dite *le petit bréviaire*.

557 — Nicolas Boileau Despréaux, d'après Rigaud. *P. Drevet sculps*, 1706. Belle épreuve.

— Le même personnage, d'après Depilles, par Drevet, en 1704.

558 — Robert, comte d'Evreux ; Louis, dauphin de France, fils de Louis XIV ; Vintimille, archevêque de Paris, d'après Rigaud ; duc du Maine, prince de Condé, d'après Gobert ; le comte de Toulouse, d'après Detroye. Six portraits par Drevet. Belles épreuves, mais rognées.

559 — Louis XIV, roi de France, représenté en buste
et cuirassé, gravé par Drevet, d'après Rigaud.

— Louis, dauphin de France, gravé par Drevet, d'a-
près Rigaud. Belle épreuve.

Danlos

560 — Claude Le Blanc, ministre et secrétaire d'Etat de
la guerre. *P. Drevet sculp.*, d'après A. Le
Prieur Cisternay du Fay. 2 pièces.

561 — Louis, duc d'Orléans. *P. Drevet, sculp.*, d'après
C. Coypel. Belle épreuve.

Rapilly

562 — Dom Denys de Sainte-Marthe. *P. Drevet sc.*,
Cazes pinxit. Très-belle épreuve.

Rochoux

563 — Antoine de Noailles, cardinal-archevêque de Paris. *P. Drevet sc.*, d'après Rigaud. Belle
épreuve.

Rochoux

564 — Louis Legendre, parisien. *P. Drevet sc.*, d'après
Jean Jouvenet. Belle épreuve.

— Claude Le Pelletier, contrôleur des finances.
Drevet sc., d'après P. Mignard.

— Claude Le Blanc, secrétaire de la guerre. *P. Dre-*
vet sc., d'après A. Le Prieur. Belle épreuve
d'un joli portrait.

— Boileau, d'après de Pilles, par Drevet en 1704.

Rapilly

565 — Boileau Despréaux. *P. Drevet*, d'après F. Detroye. Rare.

566 — Henry Oswald, cardinal d'Auvergne, gravé par
C. *Drevet*, 1749, d'après H. Rigaud. Belle
épreuve.

— Alexandre Milon, évêque, comte de Valence,
gravé par C. Drevet, d'apr. Rigaud. Très-belle
épreuve.

Danlos

— Armes du cardinal de Mailly, *C. Drevet sculp.*, d'après A. Dien. Rare.

567 — Marquis Voyez de Paulmy d'Argenson, garde des sceaux. *Duflos sculp.*, 1718, d'après Rigaud. Belle épreuve.

568 — Nicolas Lyon, maire de Troyes. *Duflos sculp.*, d'après Herluyson. Très-belle épreuve.

— P.-J. Bignon. *Duflos*, 1709, d'après Rigaud.

— Michel Bignon. *Duflos sculp.*, 1708, d'après Rigaud, en 1699.

— Henry de Gondy, mort en 1659. Fr. Marguerite de Silly, épouse d'Emmanuel de Gondy, morte en 1626, *Cl. Duflos sc.*, d'après A. Pezez.

— Jean Boutillier de Rancé, abbé réformé de la Trappe. *Cl. Duflos sculp.*, d'après Rigaud.

— F. Harlay de Chavalon, cardinal-archevêque de Paris. *Cl. Duflos sculp.* d'après Lefebvre.

569 — Charles Le Normand de Tournehem, ordonnateur général des bâtiments et jardins de Sa Majesté. *N. Dupuis sc.*, d'après L. Toquet. Morceau de réception du graveur à l'Académie en 1754. Belle épreuve.

570 — Israël Silvestre, dessinateur et graveur. *C. Lebrun pinx. G. Edelinck sculp.* Au bas de ce portrait, une vue de Paris, gravée par Silvestre.

571 — Anne-Jules, duc de Noailles, pair et maréchal de France. *Edelinck sculp.*, Rigaud pinxit. Très-belle épreuve du premier état. Rare.

572 — Michel Le Tellier, chancelier de France. Ferdinand Voet pinxit. *G. Edelinck sc.* Belle épr. d'un beau portrait.

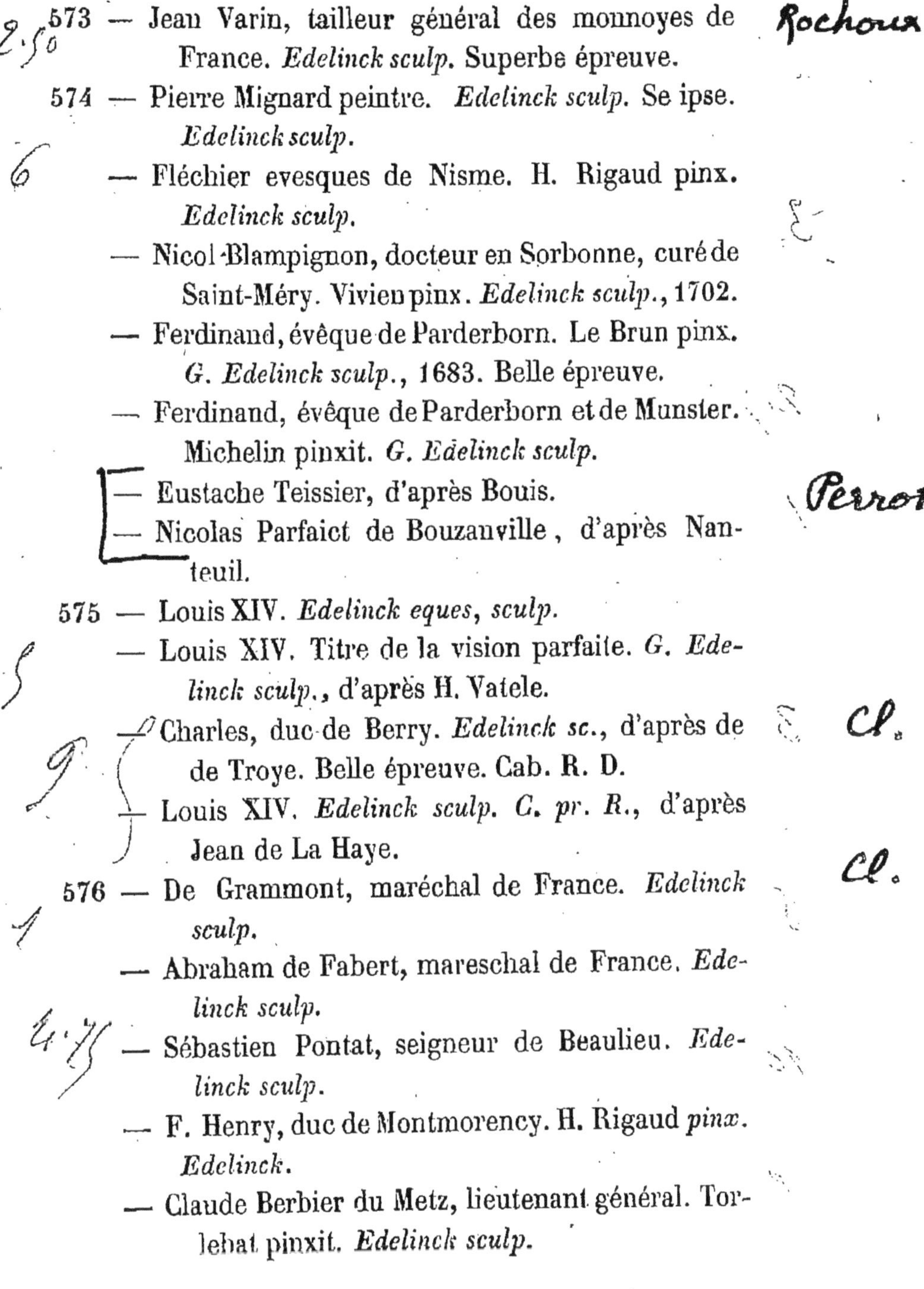

573 — Jean Varin, tailleur général des monnoyes de France. *Edelinck sculp.* Superbe épreuve.

574 — Pierre Mignard peintre. *Edelinck sculp.* Se ipse. *Edelinck sculp.*

— Fléchier evesques de Nisme. H. Rigaud pinx. *Edelinck sculp.*

— Nicol-Blampignon, docteur en Sorbonne, curé de Saint-Méry. Vivien pinx. *Edelinck sculp.*, 1702.

— Ferdinand, évêque de Parderborn. Le Brun pinx. G. *Edelinck sculp.*, 1683. Belle épreuve.

— Ferdinand, évêque de Parderborn et de Munster. Michelin pinxit. G. *Edelinck sculp.*

— Eustache Teissier, d'après Bouis.

— Nicolas Parfaict de Bouzanville, d'après Nanteuil.

575 — Louis XIV. *Edelinck eques, sculp.*

— Louis XIV. Titre de la vision parfaite. G. *Edelinck sculp.*, d'après H. Vatele.

— Charles, duc de Berry. *Edelinck sc.*, d'après de de Troye. Belle épreuve. Cab. R. D.

— Louis XIV. *Edelinck sculp. C. pr. R.*, d'après Jean de La Haye.

576 — De Grammont, maréchal de France. *Edelinck sculp.*

— Abraham de Fabert, mareschal de France. *Edelinck sculp.*

— Sébastien Pontat, seigneur de Beaulieu. *Edelinck sculp.*

— F. Henry, duc de Montmorency. H. Rigaud *pinx. Edelinck.*

— Claude Berbier du Metz, lieutenant général. Torlebat pinxit. *Edelinck sculp.*

— Jean de Gassion, mareschal de France. *Edelinck sculp.*

— Jacques de Solleysel, escuyer du roy. *Edelinck sculp.*

577 — Pierre de Marca, archevêque de Paris. *Edelinck sculp.* Belle épreuve.

— Le Cardinal d'Ossat. *Edelinck sculp.* Superbe épreuve.

— Pompone de Bellièvre, premier président de Paris. *Edelinçk sculp.*

— Nicolas Parfaict, abbé de Bouzonville. *Edelinck sculp.*, d'après Nanteuil.

— J.-B. Santeuil, chanoine et poëte latin. La Grange pinxit. *Edelinck sculp.*

— Nicolas Rigault, garde de la Bibliothèque du roi. Bonet del. *Edelinck sculp.*

— Paul Pelisson, de l'Académie française. *Edelinck sculp.*

— Jean Racine. *Edelinck sculp.* La copie de même sens, par Daullé. 2 pièces.

— Guillaume de Lamoignon, premier président de Paris. Nanteuil del. *Edelinck sculp.*

— Sébastien le Nain de Tillemon, prêtre. Lefeure pinx. *Edelinck sculp.*

578 — Christine de Foix de La Valette d'Epernon, religieuse carmélite, morte en 1701. Beaubrun pinxit. *Edelinck sculp.*

— Abraham Teniers, peintre. *Edelinck sculp.*

— Saint Evremont. *Edelinck sculp.*

— Messire Jules Mascaron, célèbre prédicateur. *Van Schuppen pinx. Edelinck sculp.*

— Saint François de Salles. *G. Edelinck sculp.* 2ᶜ
état.

— François Ximenes de Cisneros, cardinal-archevêque de Tolède. *G.-F. Edelinck sculp.*

579 — Charles Le Brun, peintre. *G. Edelinck sculp.* N.
de Largillierre *pinx.*

580 — Martin Van den Baugart dit Desjardins, sculpteur. *G. Edelinck, sculp.* d'après Rigaud. Belle
épreuve avant l'adresse de Drevet.

581 — Jean-Baptiste Colbert. *G. Edelinck sculp.* La figure par Mignard, les accessoires par Le
Brun.

582 — Pierre-Vincent Bertin, trésorier des parties ca-
suelles. Gravé par G. Edelinck.

583 — Jacques Savary, auteur du Parfait Notaire. *Coypel Junior pinxit. Edelinck sculp* Belle épr.,
2ᶜ état ; le même portrait, même état.

— Édouard, marquis de Villacerf. *Edelinck sculp.*,
d'après Mignard. Belle épreuve.

— Isaac de Bensserade, de l'Académie française.
Edelinck sculp.

— Jean-Baptiste Colbert. Mignard pinxit. *Edelinck
sculp.*

584 — Alexandre Morant, maître des requêtes. *G. Edelinck sculp.*, 1685, d'après de Largillière. Belle
épreuve.

— Charles d'Hozier, généalogiste. *G. Edelinck sculp.*,
1691, d'après H. Rigaud Belle épreuve.

585 — Michel Colbert, archevêque de Toulouse. *G. Edelinck sculp*, 1693, d'après de Largillière. Belle
épreuve.

586 — Paul de Lionne, aumônier du roi. *Edelinck sc.*,
d'après Jouvenet. Belle épreuve du 2ᵉ état.

587 — Bignon, abbé de Saint-Quentin. *Edelinck sculp.*,
d'après de La Roue.

588 — Roger de Rabutin, comte de Bussy. Lefebure,
pinx. Edelinck sculp. Belle épreuve d'un portrait rare. Collec. R. Dumesnil.

589 — Pascal Huet, évêque d'Avranche, Abraham du
Quesne, Jean Racine. 4 portraits, par Edelinck.

590 — Louis de Bourbon, comte de Toulouse, amiral.
Edelinck sculp., d'après Gobert. Epreuve rognée à l'ovale.

591 — Jacques Benigne Bossuet, evesque de Meaux,
gravé par le chevalier Edelinck, d'après Rigaud. Très-belle épreuve.

592 — Fagon, premier médecin de Louis XIV. H. Rigaud. *G. Edelinck sculp.*

593 — René Descartes. F. Hals pinx. *Edelinck sculp.*

594 — Jacques Sarrazin, sculpteur. *Edelinck sculp.*
— François Mansart, architecte. *Edelinck sculp.*
Très-belle épreuve.
— Montarsis, amateur de beaux-arts, 1672. Ant.
Coypel pinx. *G. Edelinck sculp.*

595 — Antoine Arnauld. *G. Edelinck sculp.* d'après
Champagne.
— Ant. Furetière, l'un des quarante de l'Académie
française, mort en 1688. *G. Edelinck sculp.*

696 — Madame Helyot, morte en 1682, à l'âge de 37
ans. *G. Edelinck, C. sculpsit*, d'après Galliot,
Très-belle épreuve.

597 — Adrien Baillet, théologien, mort en 1706. *N. Ede-linck sculp.*

— Nicolas Malebranche, prêtre de l'oratoire et de l'Académie des sciences. *I.-B. Santerre pinxit, 1723. N. Edelinck sculp.*

— Antoine Houdart de La Motte, de l'Académie française. *Rant pinx. N. Edelinck sc.*

— Nicolas Samson, géographe du roy, d'après Daret par N. Edelinck. Belle épreuve.

598 — François Guillaumont, maître tapissier du clergé de France. *N. Edelinck sc.*, 1741, d'après Vivien. Belle épreuve.

599 — Nicolas Malebranche, mort en 1715. *François sculp. exc.*, d'après Chevalier. Rare.

— Charron, mort en 1603. *François, sculp.* Rare.

— La Rochefoucauld, gravé par François.

600 — Louis, duc de Bourgogne. A Paris, chez Etienne Gantrecl.

601 — Mabillon ; Langeronne de Maleuvrier, abbé gé-général de Saint-Antoine ; Louis Lasseré, conseiller. 3 portraits, par P. Giffart.

— Barthélemy Giavarina. *P. Giffart fils sculp.*, 1700, d'après J. Vanschuppen. Très-belle épreuve.

602 — Fr. d'Aubigné, marquise de Maintenon. *Giffart sc.* Rogné à l'ovale. Portrait rare.

603 — Bernard de Fontenelle, secrétaire perpétuel de l'Académie des sciences, gravé par J. Gignoux, d'après H. Rigaud (1).

(1) Ce portrait est apocryphe, c'est une copie du portrait de Gendron, médecin, qui a été gravé par Daullé, en 1737, d'après Rigaud.

604 — Charlotte-Elisabeth de Bavière, duchesse d'Or-
      léans, d'après Rigaud, par Guibert. Epreuve
      avant la lettre d'artiste.
   — La même avant la lettre, avec la bordure.
   — Gaston de Foix, Louis XIII. Deux pièces gravées
      par Guibert, d'après Ph. de Champagne. Epr.
      avant la lettre.

605 — Messire J.-N. Colbert, archevêque de Rouen. *N.
      Habert sc.*, d'après H. Rigaud, Arnauld, sei-
      gneur d'Andilly. *Habert sc.*, d'après Cham-
      pagne. 2 portraits.
   — Fénelon. *N. Habert sculp.* Très-belle épreuve.
   — Louis Lemaistre de Sacy, mort en 1784. *N. Ha-
      bert sc.*, d'après Nanteuil. Très-belle épreuve.
   — Autre portrait du même. *N. Habert sc.*, d'après
      Champagne.
   — Scevole de Sainte-Marthe, mort en 1623, Claude
      de Sainte-Marthe, d'après Jouvenet. 2 portr.,
      par N. Habert.
   — Foy Vaillant, médecin antiquaire et Jean Lau-
      nois, théologien. 2 portraits, par N. Habert;
      le dernier, d'après Stresor.
   — Jean Mabillon, sans nom d'auteur, qui est N. Ha-
      bert.

606 — Varin, graveur de médaille, d'après S. Bourdon,
      par Halbou. 2 épreuves, une avant la lettre,
      avec le fac-simile de son écriture.

607 — D. Diderot, d'après M. Vanloo; Le Cat, d'après
      Restou, en 1774. 2 portraits, par Henriquez,
      le dernier avant la lettre. Astruc, d'après
      Monnet, par Louis Halbou, 1771.

608 — Elisabeth-Charlotte, palatine du Rhin, duchesse
d'Orléans, gravé par Marie Hortemels, d'après
Rigaud.

609 — Jean, prêtre, secrétaire ordinaire du Roy, doyen
des écrivains jurez. *J. Langlois sculp.* d'après
Nanteuil.

610 — Victoire de Bavière, dauphine de France ; Fr. de
Harlay, archevesque de Paris et cardinal de
Bouillon. 3 portraits, par N. de Larmessin,
1680. Belles épreuves.

611 — Colbert, P. Séguier. Cl. Le Pelletier, Perefixe
Egon, etc. 14 portraits gravés par de Larmessin.

612 — Charles deux, roy d'Angleterre ; Charles IV, duc
de Lorraine; Michel Le Tellier ; Charlotte Palatine, duchesse d'Orléans; la marquise de
Montespan et Carolus Clusius. 6 portraits par
N. de Larmessin.

— Charles-Henri de Lorraine, prince de Vaude-
mont. *N. de Larmessin sc.*, d'apr. Ranc., épr.
rogné.

613 — Vicomte de Turenne, *N. de Larmessin sc.*, d'ap.
Meissonier, architecte.

614 — Cardinal de Granville, Jean de Barnevelt et Sce-
vola de Sainte-Marthe; trois portraits par N. de
Larmessin

615 — Louise-Françoise de la Baume le Blanc, duchesse
de La Vallière; *N. de Larmessin sc.*

616 — Le duc de Bourgogne enfant. *N. Larmessin sc.*

617 — Louis-Alex. de Bourbon, légitimé de France;
Louis-Armand, prince de Conty. 2 p. *N. Larmessin sc.*

618 — Woldemar de Lowendal, comte du Saint-Empire, maréchal de France. De Larmessin ; d'après Boucher. Belle épr.

619 — Charles Fevret de Saint-Mesmin, à l'âge de 75 ans, en 1657. *G. Le Brun sculp.*

— Pierre Pomet, droguiste à Paris, *A. Leclerc, le jeune, fecit.*

620 — Marie-Thérèse d'Autriche, reine de France. *S. Leclerc f.* Petite pièce rare.

621 — De la Mothe-Houdancourt, commandeur de Malte, *J. Lenfant sc.* 1672, d'ap. A. du Viert. Belle épr.

622 — René de Marillac, avocat général, mort en 1719. *Lenfant,* 1663.

— Pierre Poncet, maître des requêtes. *Lenfant del. et sc.* 1668.

— Leonor de Matignon, évêque de Lisieux, mort en 1680. *Lenfant sc.* d'ap. Dieu. Superbe épr.

623 — Jérôme Le Maistre, conseiller au Parlement. *Lenfant faciebat,* 1669. Très-belle épr.

— De Nesmond, président au Parlement de Paris. *Lenfant sc.,* 1661, d'ap. Dieu. Belle épr.

Le même portrait.

— Charles Paris d'Orléans, duc de Longueville. *Lenfant, ad viuum, faciebat,* 1663.

— Barbe Avrillot, veuve de M. Acarie, en religion, sœur Marie, converse Carmélite. *Joannes Lenfant del. et f.*

624 — Charles, comte de Rostaing, par Le Pautre, et le château de Bury, résidence des Rostaing. 2 pièces.

— Henri Chesneau, domestique de M. de Rostaing
et avocat. A l'eau-forte par Le Pautre. Rare.

625 — Marie-Thérèse, reine de France. *Jacob Le Pautre
f.* Petit portrait très-rare.

626 — Louis XIV, en 1715, d'ap. Champagne, par Levy.

627 — Doni d'Attichy. *R. Lochon del. et sc.*

— Claude de Lorraine, duc de Chevreuse, mort en
1657. *R. Lochon sc.*, 1654, d'ap. Just d'Egmont.

Le même portrait.

628 — Ant. Vallot, médecin de Louis XIV. *R. Lochon
sc.*, 1653, d'ap. Champagne.

— J. Mentelius, médecin, mort en 1670. *R. Lochon
sc.*

— Fouquet, enfant. D'ap. R. Lochon, faciebat,
1656.

629 — Mabillon, mort en 1707. *Loir sc.* d'ap. Hallé.

— Léonard Secousse, secrétaire du roi. *Loyr sc.*,
d'apr. Rigaud.

630 — Jean Daillé, ministre calviniste à Charenton, mort
en 1670. *P. Lombart sc.*, d'ap. W. Waillant.

— Philippe de Savoie, abbé, il était fils d'Eugène-
Maurice et frère du prince Eugène. *Lombar_t
sc.*, d'ap. de La Mare-Richart. Belle épr.

631 — Cardinal de Richelieu. *J. Lubin sc.*

— Pierre Corneille. *Lubin sc.* Belle épr.

— Charles de la Porte, duc de la Meilleraye, maréchal de France. *Lubin sc.*

— Pierre Seguier. *J. Lubin sc.*

— Claude Ballin, orfeure. *J. Lubin sc.*

— Hierome Viguier, Père de l'Oratoire. *J. Lubin sc.*

— Jacques Sirmond, jésuite. *Lubin sc.*

— Henry de Sponde, évêque de Pamiers. *J. Lubin sc.*

— Michel Begon, conseiller au parlement d'Aix et intendant de la marine à La Rochelle et Rochefort. *Lubin sc.* Belle épr.

— Louis de Bourbon, prince de Condé. *J. Lubin sc.*

632 — Jean-Baptiste Constantin, dit Octavis, ingénieur. A Paris, chez Mariette. (Voy. le n° 9 du Catal.)

— Anne de Meleun, fille de Guillaume de Melun, prince d'Épinoy; morte en 1679; femme célèbre par sa piété. *J. Mariette fecit.*

633 — Jean-Baptiste Massillon, prédicateur du roy; mort en 1742. A Paris, chez Masson. Rare, non décrit dans le Père Le Long.

— Blaise Pascal, mort en 1662. Gravé par Magdeleine Masson.

— La duchesse de Guise, d'ap. Mignard; par A. Masson. Épr. rognée à l'ovale.

— André le Nostre, contrôleur des bâtiments du roi, jardins, etc. *A. Masson sc.*, 1692. D'apr. C. Maratte. Belle épr., mais rognée.

— Jacques-Nicolas Colbert, prieur de l'abbaye du Bec. *Ant. Masson ping. et sculp.*, 1677.

— Louis XIV. *Ant. Masson, sculpebat.* D'ap. C. Lebrun. Belle épr.

— Louis Verjus, comte de Crécy, de l'Académie française, ambassadeur extraordinaire à la paix de Riswich, en 1697. *Ant. Masson scul.* *pingebat*, 1679. Belle épr.

634 — Louis 14. *Nanteuil sc.*, 1666.

635 — Louis 14. *Nanteuil sc.*, 1676.

636 — Louis XIV. Nanteuil, 1663. Belle épr. du deuxième
état, d'un beau portrait. *Cl.*

637 — Anne d'Autriche. *R. Nanteuil pingebat sculpebat*, 1666. Portrait capital du maître. Belle épr. *Cl.*

638 — Charles II de Gonzague, duc de Mantoue. *Nanteuil faciebat*. Très-belle épr. d'un portrait
très-rare. *Cl.*

639 — Charles de Lorraine, Ve du nom. *Nanteuil*, 1650.
Très-belle épreuve. P. Mariette, 1660, et collection Debois. *Rapilly*

640 — Jules de Bourbon, duc d'Enguien, grand-maître
de France. D'après Mignard. *Nanteuil*, 1661. *Danlos*

641 — Louis de Vendôme, duc de Mercoeur. *Nanteuil*,
1649. Belle épr. du premier état.

642 — Le même personnage, deuxième état, non décrit; on lit dans la terasse, en trois lignes :
Ludovicus Borbonius... etc. Cab. R. Duménil *Loizelet*

643 — Maurice de la Tour d'Auvergne, duc de Bouillon.
Nanteuil sculpebat. *Danlos*

644 — Comte de Guebriant, maréchal de France. *Nanteuil sculpebat*. Très-belle épreuve. *Cl.*

645 — Franc. de Bonne de Créquy, maréchal de France.
Nanteuil ad viuum faciebat, 1662. Belle épr.
du deuxième état. *Rapilly*

646 — Charles de la Porte de la Melleraye, maréchal
de France. Nanteuil, 1662. D'après Justus,
1648.

647 — Pierre Seguier, marquis de Saint-Brisson. *Nanteuil ad viuum del. et sculpebat*, 1639. *Aubry ?*

— Le même personnage, de sens opposé. R. Lochon *faciebat*, 1660.

648 — Jean-Baptiste Colbert, ministre d'État. Portrait grandeur naturelle, au coin deux C C couronnés. *Nanteuil, 1670, premier état.* Très-rare ; il est mal conservé.

649 — Jean-Baptiste Colbert. *R. Nanteuil pingebat sculpebat, 1676.*

650 — Pierre Seguier, chancelier. *Nanteuil sc.* ; d'ap. Le Brun.

651 — Michel Le Tellier. Nanteuil, 20 juny, anº 1659. Belle épr.

652 — Le Bouthillier, comte de Chavigny, ministre d'État. Ph. de Champaigne, *R. Nanteuil sculpebat.* Belle épreuve.

653 Guillaume de Lamoignon. R. Nanteuil, 1663. Très-belle épr.

654 — Michel Le Tellier. *Nanteuil scul.,* 1674.

655 — Simon Arnauld de Pompone. *Nanteuil ping. et sculpebat,* 1675.

656 — Henri de Guénégaud, marquis de Plancy, secrétaire d'État. Champaigne *pinxit. Nanteuil sculp.* Belle épr. du premier état.

657 — Dulieu de Chenevoux, maître des comptes. *Nanteuil ping. scul.,* 1667. Belle épr.

658 — Marin, cureau de la chambre. *R. Nanteuil del. et sculp.* Belle épr.

659 — Jean-Antoine de Mesmes, président du parlement de Paris. *Nanteuil, 1655.* Très-belle épr. du premier état.

660 — Noël le Boultz, conseiller au parlement de Paris. *Nanteuil pinxit et sc.,* 1671. Très-belle épr.

661 — Barillon de Morangis. *Nanteuil, 1661.* Belle épr.

662 — Jacques Le Coigneux, grand-président au parlement. *Nanteuil*, 1654. D'après Beaubrun.
Belle épr.

663 — Louis Hesselin. *R. Nanteuil*, 1658. Premier état.
Belle épr.

664 — Jean Le Camus. *Nanteuil, ad viuum,* 1674.

665 — Édouard Molé, président au parlement. *R. Nanteuil*. Belle épr.

666 — François Lottin de Charny, président au parlement de Paris. *Nanteuil faciebat*. Très-belle
épr.

667 — Beaumanoir de Lavardin. *R. Nanteuil*, 1660.
Très-belle épreuve du premier état.

668 — René de Longueil, marquis de Maisons. *Nanteuil.*
1653. Belle épr. Collect. Debois.

669 — César, cardinal d'Estrée. *R. Nanteuil,* 1660. Belle
épreuve.

670 — Antoine Barberin, cardinal - archevêque de
Rheims. *Nanteuil,* 1664. Belle épreuve.

671 — E.-T. de la Tour d'Auvergne, cardinal de Bouillon. *Nanteuil sc.* Belle épr. du premier état.
Rare.

672 — Emanuel de la Tour d'Auvergne, cardinal de
Bouillon. *Nanteuil.*

673 — Pierre de Cambout, cardinal de Coislin. *Nanteuil
sculpebat.*

674 — P. de Bonzy, cardinal et archevesque de Narbonne. *Nanteuil sc.,* 1678. Très-belle épr., du
premier état des treize cités au catalogue de
M. Robert-Dumenil. Le Père Le Long le cite
pour une thèse.

675 — Victor le Bouthillier, archevêque de Tours. Champaigne pinxit. *Nanteuil sculpebat*, 1651. Très-belle épr. Collect. Debois.

676 — Clermont-Tonnerre, évêque de Noyon. *Nanteuil* 1655. Très-belle épr. du premier état.

— Le même Portrait. Belle épr. du deuxième état.

677 — Louis Dony-d'Attichy, évêque d'Autun. *Nanteuil*, 1665. Très-belle épr.

678 — Maurice Letellier, n'étant qu'abbé de Lagny. *Nanteuil*, 1663. Troisième état. Belle épr.

679 — Michel le Masle, prieur des Roches. *Nanteuil*, 1661. Belle épr.

680 — Pierre et Jacob Dupuy. *R. Nanteuil f.* Premier état avant la planche séparée. Du cab. de M. Debois.

681 — Michel de Marolles, abbé de Villeloin. *Nanteuil*, 1657. Belle épr. du premier état.

682 — Maurice Le Tellier, aumônier du roy, co-adjuteur de Rheims. *Nanteuil*, 1670, épr. du premier état. P. Mariette, 1640, et Collection Debois.

683 — Hippolyte Feret, théologien R. Nanteuil pingebat. *Trouvain, sculp.*, 1684.

684 — Madame de Gillier. *R. Nanteuil, faciébat.*

685 — Louise-Marie, reine de Pologne ; par Nanteuil, Belle épr., mais rognée.

686 — La duchesse de Longueville. On lit au bas ces vers de Loret :

Toy qui contemple cette altesse
Je te prie, à qu'oy songe-tu ?
Tu croy ne voir qu'vne princesse
Et tu voy la mêsme vertu.

Portrait rare, sans nom d'auteur.

2 **687** — George de Scudéry. *Nanteuil faciebat.*

688 — David Blondel, professeur d'histoire à Amster-
dam. R. Nanteuil, 1650. Très-belle épr. avant
l'écriture derrière.

— Le même, deuxième état, avec l'écriture.

— Vincent Voiture, membre de l'Académie française. D'après Ph. de Champagne, par Nanteuil.

— Antoine Barberin, archevêque de Rheims; par
Nanteuil. (No 30 de M. R. D.) Etat non décrit;
l'ovale du portrait entouré d'une bordure accessoire historiée, avec fleur de lys et Cartouche au bas.

— Claude Thévenin, chanoine de l'église de Paris.
Nanteuil, 1657.

— René de Longueil, marquis de Maison, surintendant des finances. *R. Nanteuil*, 1664. Troisième
état ; il y en a cinq.

— Pierre Dupuy, par Nanteuil.

689 — Louis XIV, par Nanteuil. (No 155 du catalogue
de M. Robert Dumesnil.) Belle épr., rognée à
l'ovale.

— Louis de Bourbon, prince de Condé, surnommé
Monsieur le Prince. *Nanteuil*, 1662. Belle épr.
mais rognée.

— François de Vendosme, duc de Beaufort. D'après
Nocret; par Nanteuil. Belle épr., mais rognée
de la bordure.

690 — Pierre du Cambout de Coislin, cardinal. *Nanteuil*, 1666. Très-belle épr. du premier état.

— Charles Benoist, conseiller au parlement de Paris. *Ph. Champagne pinxit; Nanteuil sculp.*, 1651. Belle épr. Collect. Debois.

— Lefebvre d'Ormeson, conseiller d'État. Premier état.

— Léomenie de Brienne, secrétaire d'État. *Nanteuil*, 1660. Premier état.

— Guy-Chamillard, maître des requêtes. Deuxième état avant le gland à son rabat. Rare.

690 bis. — Mazarin, 1656. Par Nanteuil ; rogné.

— Séguier ; par Nanteuil. Rogné à l'ovale.

— Denis Talon, président au parlement de Paris. Par Nanteuil. Épr. rognée.

— Hardouin de Perefixe. *Nanteuil*, 1665. Belle épr. rognée.

— J.-B. Colbert ; par Nanteuil. (N° 73 du catalogue R. D.) Épr. rognée à l'ovale.

— Denis Talon ; par Nanteuil. Rogné à l'ovale.

— Charles Delaporte, duc de la Meilleraye. Nanteuil, 1662. D'après Juste. Très belle épr. rognée à l'ovale.

— Hardouin de Perefixe ; par Nanteuil. Rogné à l'ovale.

— Michel le Masle, prieur des Roches, chanoine de l'église de Paris. *Nanteuil*, 1653. Belle épr., mais rognée.

691 — Marguerite de Sévigné, comtesse de Grignan. *Petit sculp.* Belle épreuve d'un très-joli portrait.

692 — Henry Bachelier, lieutenant-criminel au Châtelet de Paris. *Petit sc.*; d'ap. de Troye.

— J.-B. Coignard, imprimeur. A. Pesne *pinxit*,
 1724, *Petit sc.*, 1732.

693 — Louis Chabot, maréchal de France ; duc de Rohan, prince de Léon, maréchal de France.
 Et. Picart, *sc.*; d'ap. Ant. Paillet. Belle épr.

—Jacques le Cornier, conseiller au parlement de
 Rouen. *Et. Picart*, 1665.

— P. Loisel, docteur en Sorbonne. *Et. Picart sc.*;
 d'ap. F. le Maire. Belle épr.

694 — Henri Louis Hubert de Montmor, doyen des
 maîtres des requêtes. *N. Pitau*, d'ap. Floquet.
 Belle épr.

695 — Priolus (Benjaminus), employé dans diverses né-
 gociations. *N. Pitau sculp.*, 1663. D'ap. C. le
 Febure.

696 — Pierre Seguier, chancelier. *N. Pitau sc.*, 1668.
 D'ap. Plate-Montagne. Belle épr. d'un beau
 portrait.

697 — Augustin Calmet, bénédictin de Lorraine. *Pitau
 sc.*; d'après Fontaine.

— Ph. Goibault, sieur du Bois, de l'Académie française. *N. Pitau*, 1695.

— Adrien Bourdoise, prêtre. *N. Pitau*, 1713.

— Pasquier Quesnel, prestre de l'Oratoire, né le
 15 juillet 1654. *N. Pitau*, 1716.

— Nicolas Colbert, évêque de Luçon. *N. Pitau
 sculp*. Belle épr.

698 — Le duc d'Orléans, médaillon entouré de figures
 allégoriques, inventé par Ant. Coypel et gravé
 par B. Picart en 1706.

— Philippe V^e fils de France, roy d'Espagne. *Dessi-
 gné par B. Picart*.

699 — Le portrait de Louis 14, tenu par le Temps et autres figures historiques. D'après Mignard; par Poilly. Très-belle épr. avant tous noms. Rare.

700 — Louis 14 tenant le gouvernail du vaisseau de l'État. D'après Mignard; par Poilly. C'est le haut d'une thèse.

701 — Louis, dauphin de France, fils de Louis XIV. *N. de Poilly sc.*

702 — Louis de Bourbon, prince de Condé. A Paris, chez Nicolas de Poilly.

703 — Le grand Condé : *Son bras toujours victorieux...* *F. Poilly sculp.* Belle épr.

704 — Guillaume Lamoignon. C. Le Brun *pinxit de Poilly sc.*, 1666. Belle épr., d'un beau portrait.

704 bis — Le même personnage, avec trois figures allégoriques. *F. de Poilly*, 1644. D'ap. P. Mignard.

705 — Duc d'Orléans, frère du roy Louis 14. I. Nocret, Pin. *F. Poilly sc.*

706 — Louis II, duc de Vendôme. *N. Poilly sculp.* Belle épr.

707 — Charles-Édouard Stuart en pied, né à Rome le 31 décembre 1720. Gravé par N.-J.-B. Poilly.

708 — Gabriel Beauvais, évêque de Nantes, mort en 1678. *N. Poilly ad viuum sculp.* Belle épr.

709 — Edouard Olier, conseiller et grand audiencier de France. *N. Poilly scul.* C. Le Fevre. Très-belle épr.

710 — Mlle de Montpensier en Minerve. *N. Poilly sculp.*

711 — Louise de Prie, maréchalle duchesse de Cardonne, gouvernante des enfants de France fils de Louis XIV. par F. Poilly. Belle épr. Rare.

712 — Anne de Rohan, princesse de Guemené. F. Cotelle in. *F. Poilly sculp.*

713 — Fabert, maréchal de France. L. Ferdinand pinxit. *F. Poilly sculp.* Belle épr. On y a joint un fac simile de son écriture.

714 — N. Parfaict, abbé de Bouzonville. *N. Poilly sculp.* 1666, d'apr. C. Le Fébure pinx. Très-belle épr.

— Louis Prevost, advocat au parlement. *N. Poilly sculp.* Bénard pinx.

— Jean-Baptiste Marin, docteur et médecin. *N. Poilly sculp.* d'ap. A. Flamen.

— Pierre-François Tonduti, jurisconsulte. *Fr. Poilly sculp.* P. Mignard.

715 — Mazarin, cardinal. *Faict par N. Regnesson en l'an* 1656. Belle épr. d'un beau portrait dans le goût de Nanteuil. Rare.

716 — Anne-Marie de Bourbon d'Orléans, duchesse de Montpensier. *N. Regnesson del. et sculpebat.* Rare.

717 — Fremyn, secrétaire de la reine-mère, lieutenant des habitants de la ville de Rheims, en 1664. *N. Regnesson Remois.* Belle épr.

— Eustache de La Salle, lieutenant des habitants de Rheims. *Regnesson del. et sculp.* d'après Moilon. Belle épr

718 — Jean-Baptiste Lully, surintendant de la musique du Roi. *L. Roullet sculp.* d'après P. Mignard. Belle épr., mais rognée.

719 — Camille Le Tellier de Louvois. *L. Roullet sculp.* d'après de Largillière, 1697. Belle épr.

720 — Édouard Colbert, marquis de Villacerf par Roullet, 1698, d'après le marbre de Girardon.

721 — Camille Le Tellier de Louvois, abbé. *L. Roullet sculp.*, d'après Largillière.

— Catherine Touchelee, femme de Hilaire Clément procureur au Parlement. *J. Cotelle pinx. L. Roullet sculp.*, 1693.

722 — *Francorum Delphino.* Belle thèse en deux feuilles gravée par Rousselet.

723 — Messire François de Harcourt, gouverneur du vieux palais de Rouen. *I. Sarrabat fecit.*

724 — Gaston-Jean-Baptiste de Choiseuil, marquis de Praslin d'ap. H. Rigaud, par Sarrabat. Belle épr. Troisième état rare.

725 — Carolus archiepiscopus, dux Cameracensis, d'après Rigaud, par Schmidt de Berlin, en 1741.

726 — Philippe de France, frère unique du Roi. *G. Scotin sculp. et exc.* d'ap. P. Mignard. Portrait très-rare ; manque de conservation.

727 — Frère Fiacre de Sainte-Marguerite, Augustin déchaussé, mort en 1684. *P. Simon del. et sculp.* Belle épreuve.

— Vincent Hotman, seigneur de Fontenay. *P. Simon.* Belle épr.

728 — Pierre Thomas, seigneur du Fossé, élevé à Port-Royal, mort en 1698. *Simonneau sculp.*

— Louis Mainbourg, jésuite. *Simonneau sculp.* d'après Nivellon.

— J. P. Bignon. *C. Simonneau sculp.* d'ap. Rigaud, 1694.

— Vicomte de Turenne. *Simonneau major sculp.* d'après Nanteuil.

— Hardouin Mansart, architecte. *Simonneau l'aîné,* 1710, d'après Detroye, en 1699.

— Antoine Arnaud. *Simonneau sculp.* d'après Champagne.

729 — Nicolas, messager plénipotentiaire au congrès d'Utrecht. *Simonneau aîné sculp.* d'après Rigaud. Belle épr.

— Le même personnage gravé par Sornique d'ap. Rigaud, épr. avant la lettre. Rare. *Le même* avec la lettre, 1er état avec l'adresse d'Odieuvre.

730 — Le duc de Bourgogne en maillot, fils aîné du Dauphin. *Je n'ay qu'à suivre.* Gravé par Simonneau d'ap. P. Gobert.

731 — Etienne - Franç. Geoffroy Parisien, médecin. Gravé par L. Surrugue en 1737 d'ap. N. Largillière. Très-belle épr.

732 — Frère Claude Perreton, de l'Oratoire. *N. Tardieu sculp.* d'ap. J. Jouvenet.

— N. H. Tardieu, graveur. *Tardieu fils sculp.* d'ap. Vanloo. Belle épr. du 1er état.

— Simon Belle, peintre, ipse pinxit. *Tardieu fils sculp.* 1er état.

— Nicol. Lenglet du Fresnoy d'après Delobel. *Tardieu fils sculp.*

733 — Les Religieuses Arnaud. Peint par Ph. de Champagne, gravé par F. J. F. Tassaert.

734 — Franç. Muguet, premier imprimeur du Roy. *S. Thomassin sculp.* d'après Simon Dequoy. Belle épr.

735 — Louis, duc de Bourgogne, dessiné et gravé par S. Thomassin en 1693. Belle épr. d'un portrait rare. **Ø.**

736 — Louis de Bourbon, prince de Condé, mort en 1686. *S. Thomassin sculp.*, 1701, d'ap. F. Chéron.

737 — Louis-Antoine de Noailles, archevesque de Paris. *S. Thomassin sculp.* d'ap. Largilière.

— Pierre Dionis, premier chirurgien de Madame la Dauphine. *S. Thomassin sculp.* d'après Boulogne.

738 — F. Sébastien Truchet, religieux, de l'Académie royale des Sciences. *H. S. Thomassin fils sculp.*, d'ap. Elis. Chéron le Haye.

— Jean Lizot, archidiacre de Paris, curé de Saint-Séverin, mort en 1705. *Thomassin sc.*, d'après P. Pesié.

— Jean-Paul Bignon, abbé de Saint-Quentin. *S. Thomassin sculp.* d'après Rigaud. Très-belle épr.

— Melchior Cochet de S. Vallée, comte de Brioude, maître des requêtes Dessiné et gravé par Thomassin. Belle épr.

— Maistre Barthelemy Auzanet, avocat au parlement, mort en 1693, âgé de 82 ans. *S. Thomassin sculp.*

739 — Claude Fleury abbé, de l'Académie française, mort en 1723. *S. Thomassin sculp.*

— Jean de Catellan, seigneur de la Masquère, conseiller au Parlement de Toulouse. *Thomassin sculp.*

— Vincent le Hirbec, religieux mort en 1694. *Thomassin sculp.*

— Etienne Baluze, bibliothécaire de Colbert, mort en 1718. *Thomassin sculp.*, 1714, d'ap. Rigaud, 1705. Rogné à l'ovale.

— Arnauld d'Ossat, cardinal. *S. Thomassin sculp.*

740 — Adrien Maurice, duc de Noailles. *Thomassin sculp.*

— Jean Le Bouthillier, abbé de Rancé, de N.-D. de la Trappe. *Thomassin sculp.* d'ap. Rigaud.

— Le Bret de Flacourt d'Antin, conseiller, mort en 1701. *S. Thomassin sculp.* d'ap. Detroyes. Non cité dans le père Lelong.

740 bis. — Raymond de Montecuculli, généralissime des troupes de l'empereur d'Allemagne. *S. Thomassin sculp.*

741 — Noël Bouton, marquis de Chamilly. *A. Trouvain sculp.*, 1697.

— Hadrianus Valesius, historiographius regis. *Trouvain sculp.* d'ap. Marelle. Rare.

— Jean Le Pelletier, conseiller et expéditionnaire de la cour de Rome. *Trouvain sculp.* d'après Simon.

— Eustache Le Noble, procureur général au parlement de Metz, mort dans la misère en 1711. *A. Trouvain,* 1691, d'après Simon.

— Laurent Bordelon. *Trouvain sculp.*

742 — Marie, duchesse de Savoye. *Trouvain sculp.* Rare.

743 — Jacques Hodier, conseiller, secrétaire du Roy. *A. Trouvain,* 1682, d'après H. Lefébure. Très-belle épr.

— Le même portrait, belle épr.

7

744 — Denise, fille de Jean Camusat, et femme de Pierre le Petit, imprimeur. *A. Trouvain sculp.*, 1697. Belle épr. d'un joli portrait.

745 — Pierre Rouillé, lieutenant général de la Table de Marbre, ambassadeur en Portugal en 1700. *A. Trouvain*, 1687, d'après J. Gaillot.

— Jacques Jubert, marquis du Thil. *A. Trouvain del. et sculp.*, 1776.

— Fr. Michel de Verthamont d'ap. Rigaud, par Trouvain.

746 — Le vrai pourtrait de la très-révérende mère Magdeleine de la Passion, dite de Rieux, morte en 1663. Gravé par Vallet, dessiné par A. Paillet. Rare.

747 — Louis XIV et Michel le Tellier. Gravé d'après des médailles par P. Van Schuppen, en 1674 et 1682. Deux jolies pièces rares.

748 — Jean Hamon, docteur-médecin. P. Van Schuppen.

— Louis Thomassin, prestre de l'Oratoire. Ismaël Bouillard, astronome. Deux portraits. *P. Van Schuppen sculp.* d'après J. Van Schuppen.

— Pierre Pithœus, jurisconsulte. Siméon-Joseph Barbot de l'Ardenne, avocat. Deux pièces par Van Schuppen, la deuxième d'après F. Voet.

— François Pinson, avocat parisien. *P. Van Schuppen sculp.*

— Pierre de Mouchy, mort en 1686. *P. Van Schuppen sculp.*, 1688.

— Gilles Ménage. *P. Van Schuppen sculp.*, 1698. Belle épreuve.

749 — Philbert, marquis de Nerestaing, grand-maistre
des ordres de Saint-Lazare et du Mont-Carmel.
P. Van Schuppen fecit, 1701. Belle épr. d'un
joli portrait.

750 — Bern. de Foix de la Vallette, duc d'Espernon.
P. Van Schuppen sculpebat, 1661, d'ap. P. Mignard.

751 — Jean Verjus, théologien, aumônier et prédicateur
du Roi, mort en 1663. *P. Van Schuppen sculp.*,
1663, d'ap. Loir.

— G. N. de la Reynie, maître des requêtes, d'ap.
Mignard, par *Van Schuppen*, en 1665.

— Joachim de Seiglière, de Boisfrant, chancelier du
duc d'Orléans. *P. Van Schuppen*, 1674.

— Michel le Tellier, marquis de Louvois, d'après
Lefèvre. *P. Van Schuppen sculp.*, 1666.

— François Bonzy, cardinal, archevesque de Narbonne, d'ap. Bachichi. *P. Van Schuppen sculp.*,
1692. Belle épr.

— Claude Bazin, seigneur de Bezon. *P. Van Schuppen sculp.*, 1673, d'ap. le Fébure. Belle épr.

— Théodore Bignon, conseiller au Parlement.
P. Van Schuppen sculp., 1697, d'après De
Troyes. Belle épr.

752 — François Boiri, fameux chimiste né à Milan, mort
en 1680. *P. Van Schuppen sculp.*, 1675.

753 — Louis Dauphin. *P. Van Schuppen sculp.*, 1684,
d'ap. De Troye. Très-belle épr. d'un beau portrait.

754 — Antoine, seigneur de Noailles, gouverneur de Bordeaux, ambassadeur en Angletere, où il est mort en 1562. *P. Van Schuppen sculp.* Beau portrait. Epr. avant la lettre. Rare.

755 — Sébastien Marbre Cramoisy, imprimeur du Roy, mort en 1687. *C. Vermeulen sculp.* Rare épr. avant la lettre.

— Le même, avec la lettre.

756 — Hubert Jaillot, géographe, 1698. *Vermeulen sculp.* d'après Colin.

757 — Nicolas de Catinat, maréchal de France. *C. Vermeulen, sculp. et exc.* Belle épr.

758 — Ch. Amedé de Broglie, comte de Revel. *C. Vermeulen sculp.* d'après H. Rigaud. Belle épr.

— Louis Lefèvre de Caumartin d'ap. De Troye. *C. Vermeulen sculp.*

— De Noailles, archevesque de Paris en 1695. *C. Vermeulen,* d'ap. N. de Largillière.

— Jean de la Quintinerie, intendant du Jardin du Roy. *C. Vermeulen sculp.* d'ap. de la Mare Richard.

— Bardo Bardi, gentilhomme Florentin, lieutenant-général. *C. Vermeulen sculp.* d'ap. de Largillière. Belle épr.

759 — Guillaume Demello, aumônier et prédicateur du Roy. *De Voligny ad viuum sculp.* Rare.

760 — Jean-Baptiste Massé, peintre. Gravé par Wille en 1755, d'ap. L. Tocqué en 1734.

— Jean de Boullongne, controlleur-général des Finances. Gravé par J. G. Wille en 1768 d'ap. Rigaud.

761 — Louis XII. Six portraits gravés d'après des médailles, par Bernart Picart.

762 — Louis XIV. Par K. Audran, Giffart, Montcornet, Desrochers. Cinq portraits, plus Gaston d'Orléans et le Duc d'Orléans régent.

763 — Etienne de Lorraine, de Maillet gentilhomme lorrain, comte de Gramont, prince de Condé, maréchal de Villars, Albert de Gondy, Jean Bart. Neuf portraits.

764 — Duc de Vendôme, le maréchal de Tourville, le maréchal de Vauban, le conétable de Bourbon, Cl. de Forbin, Ch. de Cossé, Jean Bart, Bertrand Duguesclin, le maréchal de Belle-Isle, le maréchal de Luxembourg, Paulmy d'Argenson, Mathieu Mollé. Douze portraits gravés par Voyez, Tardieu, Vangelisty.

765 — Michel de Castelnau, ambassadeur en Angleterre. *De la Ronssière del. et sculp.*

766 — Louis XIV, le Duc de Bourgogne, maréchal de Villars, maréchal de Saxe, marquis de Nerestang, Louis Gillet maréchal-de-logis, etc. Onze portraits par Nanteuil, Wille, Rousselet., etc.

767 — Marie-Thérèse, reine de France, et la duchesse de Fontange. Deux portraits gravés d'après des médailles.

768 — La Dauphine, Mme de Maintenon, la duchesse de Montpensier, Mlle de Fontange, Mlle de Lavallière, etc. Neuf portraits.

769 — Mme Scarron d'après Petitot, par Laugier.

770 — Fabio Brulart, évêque de Soissons; Gaston de Rohan, cardinal; Colbert, archevêque de Rouen; prince de Conty; Le Tellier, arche-

vêque de Rouen; Ant. de Noailles, archevêque
de Paris; cardinal Mazarin; Louis de Clermont, évêque; de Beauteville, évêque d'Allais;
cardinal de Tencin. Treize pièces par Drevet,
Nanteuil, Pitau, Vermeulen, Wille, etc., etc.

771 — Fénelon, Bourdaloue, Massillon, Mascaron, Fléchier, etc. Dix-sept portraits de théologiens,
cardinaux, etc.

772 — Eloges historiques des evesques et archevesques
de Paris, qui ont gouverné cette église depuis
environ un siècle jusqu'au décès de M. Fr. de
Harlay Chanvalon. *Paris,* Muquet, 1698, gr.
in-4°. Six portraits gravés par Duflos.

773 — Claude de Sainte-Marthe, Charles de la Grange,
De Tourneux, Alexandre Pini, Ant. Arnauld;
Vialart, evesque; Etienne de Caulet, évesque;
Louis Gorin de Saint-Amour, Nicolas Pavillon,
Jean du Verger de Hauranne. Dix portraits de
théologiens gravés par Habert d'après Jouve-
net, N. Boquet, Arnould, Champagne, etc.

774 — Paul de Gondy. Portrait en pied. Epr. avant la
lettre.

775 — Hyacinthe Serroni, archevêque d'Alby, mort en
1687. Ce portrait, sans nom d'artiste, nous
paraît être d'après Nanteuil. Très-belle épr.

776 — Père Jean de la Croix, mort en 1591; Etienne de
Nieuport, Renaudot, Marin Mersenne, Jean
Launoius, Caussin, de la Compagnie de Jésus;
Gabriel d'Orléans, Pierre Ragot, Jacques Jubé,
Jean Serane, Michel Molinos, Pierre de Mon-
chy, etc. Quinze portraits de théologiens.

777 — Mmes Helyot, Miramion, Legras, la mère Catherine-Agnès Arnauld; la mère Angélique Ar-
nauld, Mme de Maintenon. Six portraits par
Boulanger, Duchange, etc.

778 — La bienheureuse sœur Marie de l'Incarnation
Parisienne, morte au monastère des Carmé-
lites de Pontoise, en 1618, après avoir fondé
cet ordre en France.

779 — La R. Mère Catherine-Agnès de Saint-Paul Arnauld, abesse de Port-Royal. A Paris, chez
Gautrot.

780 — Talon, Delamoignon, Ant. Chirat, Le Bret de
Flacourt, Habert de Montmort, de Sartine,
Vincent Bertin, Nicolas Duval, Geoffroy, Pierre
Richelet, etc. Vingt portraits de légistes.

781 — Nic. Duval, secrétaire du duc du Maine. *Colleri
pinx.*

— Abel de Seruien, marquis de Sablé.

— Jean-Baptiste-Maximilien Titon, conseiller au
parlement. *De Troye pinx.* Belle épr.

782 — Le petit de Beau-Château, poëte à neuf ans,
J.-A. Nollet, de l'Académie Française, Léonard Euler, J.-F. Sarrazin, etc. Sept portraits.

783 — Bayle, Buffon, Nivelle de la Chaussée, Molière,
de la Morlière, Adrien de Valois. Six portraits.

784 — Poquelin Molière. Deux épr., une avant le nom
d'Edelinck.

785 — Jean La Fontaine, par Audouin, par Ribault,
d'après Rigaud; La Bruyère. En tout, cinq
portraits, quatre avant la lettre.

786 — Antoine Rossignol, maître des Comptes, très-
habille à lire les chiffres. N.

 — Cottereau du Clos, médecin, directeur du laboratoire de l'Académie Royale des Sciences, mort en 1685. N.

 — Eustache Teissier, général de l'ordre des Mathurins. Belle épr. du deuxième état.

787 — Christophe Ozanne, médecin de Chaudray. I. Vaillant del., 1696 ; et deux autres portraits de médecins, dont un gravé par Frosne d'ap. Duguernier.

Portraits, règne de Louis XV, Louis XVI, la République l'Empire, etc. — 1750 à 1830, et Portraits de diverses suites.

788 — Jérôme Nicolas de Paris, vicomte de Machault, mort en 1737. *Benoît Audran fecit* d'après Restout.

 — Paul-Louis de Bauvillier, comte de Saint-Aignan. Il est à cheval, à l'école de la Guerinière. *J. Audran sculp.* d'après Ch. Parocel.

 — Le Riche de la Popelinière. *Viger pinxit, Balechou sculp.* Epr. rogn.

 — Jean-Louis Petit, chirurgien ; Joachim Colbert, évêque de Montpellier. Deux portraits gravés par Balechou. Belles épreuves avec l'adresse d'Odieuvre.

 — Christophe-Paul, sire de Robien, président à mortier au parlement de Bretagne. *J. Balechou sculp.* Belle épr.

 — Le brave Crillon. *Balechou sculp.* d'ap. Van Dyck.

 — Laurens de Gaillard, conseiller en la cour des Aides et Finances de Provence. *J. Balechou sculp.* d'après Vanlo. Belle épr.

789 — Don Philippe, infant d'Espagne. R. Vialy pinxit,
    Balechou sculp. Se vend à Paris, chez Joullain.
    Belle épr.

790 — Charles Rollin. *Balechou sculp.* d'ap. Coypel.

791 — De Nestier, grand-écuyer, d'après de la Rue. A
    Paris, chez Bassan.

792 — Gontaut, duc de Biron, maréchal de France.
    Baudoin sculpebat, 1761.

793 — François Pourfour Petit, médecin, 1741. *Beau-*
    mont sculp. d'ap. Restout.

— Fr.-Maurice Pichault, docteur en théologie, au-
    mônier du Roy. Gravé par Beauvarlet, épr.
    avant la lettre. Rare.

— Sylvain Perussault, jésuite, confesseur du Roy,
    mort en 1753. Gravé par Beauvarlet d'ap. P.
    Dachou.

794 — Les Enfants du duc de Béthune, d'après Drouais
    par Beauvarlet. Belle épr.

795 — Fr.-Pierre Ducluzel d'après Roslin, par Beauvar-
    let. Belle épr.

796 — Gabriel Senac de Meilham, intendant du Hai-
    nault. *Ch. Cl. Bervic,* 1783, d'ap. Duplessis.

797 — Monseigneur le Dauphin et Madame, fille du Roi.
    Gravé par Blot en 1786 d'après Mme Le Brun.
    Belle épr. d'une jolie estampe.

798 — Guillaume Bruté, Parisien, docteur en Sorbonne.
    A Boizot del. et sculp.

799 — Marie-Joséphine Louise de Savoye, comtesse de
    Provence. R. *Broockchan sc.,* 1773, d'après
    Drouais, 1772.

800 — Ant.-Eléonore Le Clerc de Juigné, archevêque de Paris en 1781. Peint et gravé par Brossard de Beaulieu. Epr. lettre grise.

801 — Louis XV en pied, en costume du sacre, gr. par Cathelin, d'après Callet. Épreuve avant la lettre. Rare.

802 — L'abbé Pluche. *L. Cathelin sc.*, d'après Blakey. — Clairaut. *Cathelin scul.* d'ap. Cochin.

803 — Madame de Grafigny. *Cathelin sc.*, 1763, d'ap. J. B. Garand. Joli portrait.

804 — Montesquieu, l'abbé de Tersan et M. le duc de Vallière, et un Paysage à l'eau-forte. Quatre pièces. *Campion de Tersan fecit.*

805 — Louis d'Orléans, colonel général de l'infanterie française, 1721. *L. Cars fecit et sc.*, d'après A.-S. Belle. Très-belle épr. d'un joli portrait.

806 — C.-J.-Fr. Henault, président du parlement de Paris, de l'Académie des inscriptions et belles-lettres, mort en 1770. *C. N. Cochin del.*, gravé par C. E. Gaucher.

807 — Louis, duc d'Orléans, premier prince du sang. *J. Daullé sculp.*, d'ap. C. Coypel. Très-belle épr. d'un portrait bien gravé. Il est rare.

808 — Louis-Philippe d'Orléans, duc de Chartres. *J. Daullé sculp.*, d'ap. S. Belle. Très-belle épr. avec l'adresse du peintre. Rare.

809 — Guillaume de Lamoignon, chancelier de France, 1750. *Daullé sc.*, 1755, d'apr. Valade. — Jean Senac Archiatorum, Fossier del. *A.-B. Duhamel sc.* — Louis XV en manteau royal, d'ap. Rigaud. *Duflos ex.*

810 — Pierre Chauvier, 1781, d'après Kymli, 1782, par Eug. Duponchel.

811 — Pierre Desgouges, docteur en droit, d'ap. Tournière, par L. Duvivier. Belle épr. avant la lettre. Rare.

812 — De Letancour, comtesse de Mareilles. *Ch. Eisen delin.*, 1764, *De Longueil sc.*, 1765.

813 — Étienne François, duc de Choiseul, Amboise, ministre d'Etat, *Et. Fessard sc.*, 1770, d'après L.-M. Vanloo, 1763.

814 — Paul Albert, cardinal de Luynes, archévêque de Sens. *Et. Fessard scul.*, 1756, d'après Lalinville.

815 — J.-Louis Houin, chirurgien, dessiné et gravé par son fils en 1786, Fra.-Jac. Houin, médecin, dessiné par J.-B. Houin et gravé par Fessard. 2 port.

816 — Lefevre d'Ormesson, intendant des finances. *J.-Ch. Flipart sculp.*, d'ap. J. Vivien. Très-belle épr.

817 — Louis XV, roy de France. *François fecit.* Rare.

818 — Henri Bertin, ministre et secrétaire d'Etat. *R. Gaillard* d'ap. Roslin.

819 — Germain Pichault de la Martinière, chirurgien du roi. *Gaillard sc.*, d'ap. Latainville. Épr. rognée à la bordure.

— Joseph Languet, archevêque de Sens. *R. Gaillard*, 1753, d'après Chevalier en 1752. Belle épr.

— Jean-Baptiste Bertin, ministre et secrétaire d'É-tat, d'après Roslin, par Gaillard.

820 — Le baron de Breteuil, ministre secrétaire d'État, dessiné par Bounieu, d'ap. L.-M. Vanloo, grav. par Hubert.

— De Malesherbes, ancien ministre, d'apr. le pastel de Valade. Le comte de Buffon, d'ap. Houdon. 2 portraits par Hubert.

821 — Pierre-Guillaume Simon, imprimeur mort en 1741. Pougin de Saint-Aubin pinxit, 1770. *Ingouf Junior*, 1785.

— Louis d'Albert, duc de Luynes et de Chevreuse. *P.-C. Ingouf sculp*, 1770, d'ap. J.-F. Guillet.

822 — Louis, marquis de Montcalm, lieutenant général. *A.-L. Delalive sc.*

— Charles Porée, jésuite. *A.-L. Delalive sc.* N. Jomelli. *A.-L. Delalive.*

823 — Gabrielle-Émilie de Breteuil, marquise du Châtelet, morte à Lunéville en 1749, à 43 ans, gravé par Langlois en 1786, d'ap. Marianne Loir.

824 — Louis, dauphin de France, représenté en pied. *De Larmessin sc.*, d'ap. Tocqué, et la tête par de La Tour. Belle épr.

825 — Louis-Philippe, duc d'Orléans, né à Versailles le 12 mai 1725. Delorme pinxit. *Le Beau sc.*

— Louis, dauphin de France (depuis Louis XVI). *Le Beau sc.*, d'après Fossier.

826 — Louise-Marie-Thérèse-Bathilde d'Orléans, duchesse de Bourbon, gravé par le Beau, 1774, d'après Lenoir.

827 — Claude Capperonier, professeur royal en langue grecque, gravé par Lépicié en 1741, d'apr. Aved.

828 — Madame de Grafigni. *Levêque sculp.*

829 — Le dauphin, père de Louis XVI. *Littret sc.*, 1766, d'apr. Schenau.

830 — Jeanne d'Arc, gravé par N. Le Mire, d'après un ancien tableau de l'Hôtel-de-Ville d'Orléans.
Louis XV, gravé par Le Mire.
Louis-André de Grimaldi des princes de Monaco, dessiné et gravé par Le Mire.

831 — J.-F. Montillet, archevêque, d'après Roland de La Porte. *Lotha sc.*, 1784.

832 — Rameau, musicien, gravé par Masquelier.

833 — Les enfants du comte de Turenne, d'ap. Drouais, par Ch. Melini.

834 — Carle Vanloo, peintre. *Miger*, 1771. L.-M. Vanloo pinxit, 1764.
— Nicolas Vernier. *Miger sculp.*, d'ap. L.-M. Vanloo.
— Marivaux, gravé par Miger.
— Joseph Philip, doyen de la Faculté de médecine de Paris.
— Boucher, peintre. *Miger sc.*, d'après Restout. Le même portrait auquel on a substitué le nom de d'Alembert à la place de celui de Boucher.

835 — Emilie de Breteuil, marquise du Châtelet, morte en 1749. *Petit*, 1751, d'ap. Mlle Loir. In-4.

836 — La même. In-8, épr. avant toute lettre.
La même. A Paris, chez Petit, in-8.

837 — Messire François-Vincent Guiot de Chenizot, d'après Pujos, par N. Pruneau. Deux épr. avec différence.

838 — Guillaume François, marquis de l'Hôpital, mort en 1704, d'après Foucher, par de Rochefort.

Marie-Adelaïde de Savoye, dauphine de France. *De Rochefort fecit.*

839 — Louis de Bourbon, prince de Conty, mort en 1776, gravé par Romanet, d'ap. Le Tellier.

840 — Cardinal Fleury. Deux différents portraits, d'ap. Autreau, un gravé par G. Roy ; l'autre sans nom de graveur.

— Languet de Gercy, curé de Saint-Sulpice, mort en 1750, dess. et gravé par G. Roy.

841 — Linguet, né à Rheims en 1736. *Aug. de Saint-Aubin del. et sc.*, 1773.

842 — Louise-Emilie de Breteuil, baronne de Bouflers. *Aug. de Saint-Aubin del.* On lit au bas :

L'Amour en la voyant crut voir sa mère un jour,
Et tout ce qui la voit a les yeux de l'Amour.

843 — Louis XVI, Marie-Antoinette et le dauphin en médaillon sur un tombeau, d'ap. Sauvage, par Saint-Aubin. Au bas, on lit :

La vertu, les grâces, l'enfance,
Tout a péri par un forfait nouveau ;
Les yeux en pleurs, la timide espérance
Leur offre ici ce modeste tombeau.

844 — M. Necker, d'après J.-S. Duplessis, gravé par Aug. de Saint-Aubin. Très-belle épr. du plus beau portrait de ce personnage.

845 — Diderot, d'après Greuze, par Aug. de Saint-Aubin, 1766.

846 — Carlet de Chamblain de Marivaux, de l'Académie française, mort en 1763. *Ingouf jeune sc.*, 1781, d'ap. Saint-Aubin et Marillier.

847 — Charles Panckoucke aux auteurs de l'Encyclopedie. *Augustin de Saint-Aubin sc.* Epr. sur pap. de Chine.

848 — Buffon dans un médaillon sur un tombeau. Epreuve avant le nom de *Saint-Aubin.*

849 — Le duc de Penthièvre, par Saint-Aubin. Epr. rognée.

— Bosquillon, médecin, d'ap. Isabey, par Saint-Aubin, 1798.

— Charles le Brun, peintre. Saint-Evremond. *Aug. Saint-Aubin del. et sc,* 2 portraits.

— Fénelon, archevêque de Cambray, mort en 1715. J. Vivien pinx. *Aug. de Saint-Aubin sc.*

850 — Antoine-François Prévost, aumônier du prince de Conti, dessiné et gravé à Berlin, par F. Schmidt en 1745. Belle épr.

— Camille Perichon, prevôt des marchands à Lyon. *F.-G. Schmidt sc.,* d'ap. Rigaud.

— Jean-Paul Bignon, abbé de Saint - Quentin. *F. -G. Schmidt sc.,* d'après Rigaud. Jean-Baptiste Rousseau, d'ap. J. Aved, par G.-F. Schmidt. Belle épr.

851 — Bouton, marquis de Chamilly, maréchal de France, mort en 1715. *J.-A. Scupel sc.* Superbe épr. avant la date de 1694.

851 bis. — Charles Rollin, recteur de l'Université de Paris, mort en 1741. Ch. Coypel pinx. Deux portraits; un par Tardieu, l'autre par F. Ravenet; plus, un fac-simile de son écriture.

852 — Jean-Franc Galaup de la Pérouse, chef d'escadre des armées navales, gravé d'apr. une miniature, par Alex. Tardieu.

— Dubreuil, médecin du roi, d'apr. Sophie de Tott,
par *Al. Tardieu*, 1785.

— Fr.-Nic. Brocas, docteur en Sorbonne, d'ap. Pa-
radis, 1780. *P.-A. Tardieu sc.*, 1780.

— Antoinette La Garde, veuve Deshoulières, d'ap.
S. Cheron, par Al. Tardieu.

— F.-A. de Garsault, écuyer, seigneur de Mignères,
d'ap. M. Descours en 1745, par A. Tardieu.

— Ph.-Fr. Mesenguy, acolyte du diocèse de Beauvais. B. Duvivier inv. *J. Tardieu sc.*, 1762.

— Le même personnage. A Paris, chez Tardieu.

— Aunillon, abbé du Gué de Launay, d'ap. Brandt,
par J. Tardieu.

— Nicolas-Henri Tardieu, graveur, d'après Vanloo,
par Tardieu fils en 1743, premier état.

— Pierre Jeannin, d'ap. R. Nanteuil, par Tardieu
fils, premier état.

853 — André Hercules, cardinal de Fleury, aumônier de
la reine, gravé par S.-H. Thomassin, d'après
Rigaud et Autreau.

— L'abbé Chappe. Fredou pinx. *Tilliard sc.*

854 — Louis Verlac de Bastide, avocat au parlement de
Paris, d'ap. Silvestre, par Vangelisty.

— Armand de Bourbon, prince de Conty, mort en
1666 à 37 ans. *Vangelisty sc.*, 1776.

855 — N. Parchappe de Vinay, abbé. *Varin sc.*, 1766,
d'apr. Le Seurre, 1751.

856. — Henri Masers de Latude, détenu pendant 35 ans
dans diverses prisons d'Etat, peint et gravé par
Vestier, peintre de l'Académie. Rare. On lit
au bas :

Instruit par ses malheurs et sa captivité
A vaincre des tyrans les efforts et la rage
Il apprit aux Français comment le vrai courage
Peut conquérir la liberté.

857 — Louis XV à cheval, gravé par J.-G. Wille, d'ap.
Parrocel; la tête, par J. Chevalier, d'ap. le
buste de Le Moine.

858 — Maurice de Saxe, maréchal de France, gravé par
Wille en 1745, d'ap. Rigaud.

859 — Louis Phelypeaux, comte de Saint-Florentin,
gravé par J.-V. Wille, 1751, d'ap. L. Toqué
en 1749. Belle épr.

860 — Ch.-Et. Briseux, architecte. *J.-G. Wille del. et sc.*
— Pierre de Tencin, cardinal, d'après Helman, par
Wille. Belle épr.
— Prosper, cardinal Columna de Sciarra, d'apr.
Pompei Battoni, par Wille. Belle épr. avant
les armes.

861 — Bernard Belidor, ingénieur (1), d'ap. Louise
Vigée, par J.-G. Wille en 1750.

862 — Femmes célèbres. Sept portraits de la suite d'O-
dieuvre et Desrochers.

863 — Noblesse militaire. 19 portraits des suites d'O-
dieuvre et Desrochers. Belles épreuves avec
l'adresse.

(1) Auteur d'un ouvrage estimé : Architecture hydraulique ou l'art
de conduire, d'élever et de ménager les eaux pour les différens be-
soins de la vie. Paris, 1737-53, 4 vol. gr. in-4°, fig.

864 — Magistrats, légistes. 14 portraits de la suite d'O-
dieuvre. Belles épr. avec l'adresse.

865 — Littérateurs. 13 portraits ds la suite d'Odieuvre.
Belles épr. avec l'adresse.

866 — Théologiens, cardinaux, évêques, etc. 18 portraits de la suite des hommes illustres d'O-
dieuvre.

867 — Guy de La Brosse, Tournefort, Fagon, Buffon,
Daubenton, Vaillant, Al. et Ber. de Jussieu-
Delamarck, Cuvier. Dix portraits de natura-
listes.

868 — Portraits de l'iconographie française et des con-
temporains. 75 portraits in-8 lithographiés.

869 — Médailles frappées sous Louis XV à l'occasion de
són mariage avec Marie Leczinska. 25 pièces
gravées par Ph. Simonneau fils.

869 bis. — portraits français de divers personnages des
règnes de Louis XIV, XV, Louis XVI ; la révolution, l'empire et la restauration.

870 — Louis XV, Louis XVI et Louis XVIII. Neuf portraits.

871 — Henri 1er, Philippe 1er, 17e et 18e roi de France.
N. Largillière, peintre, premier état. Léopold,
prince d'Anhalt. Quatre portraits , par
J.-G. Wille.

872 — Duguay-Trouin, comte d'Estaing. Poulain de
Sainte-Foix. Roger, marquis de Foix. Cinq
portraits, le premier avant la lettre.

873 — Pierre-André de Suffren, vice-amiral de France.
René Duguay-Trouin, lieutenant-général des
armées navales. 2 pièces.

874 — Marc René, marquis de Montalembert, maréchal
de camp et armées du roy. Epreuve avant les
noms d'auteurs.

875 — Mme de Graffigny, Catherine de Seine. 2 pièces.
876 — Mlle Chéron, Mme Deshoulières et Mme de Graffigny. Trois jolis petits portraits.

877 — La duchesse de Bourgogne, Louise-Marguerite
Buttet, Mme Du Bocage. Trois portraits.

878 — Marie-Antoinette, la comtesse de Bauharnay,
comtesse de Langeron, Louise de Warens.
4 portraits.

879 — Marie de Rabutin-Chantal, marquise de Sévigné.
Marguerite de Sévigné, comtesse de Grignan. Trois portraits gravés par Roger.

880 — Maîtresses de Louis XIV, d'après Petitot, et autres portraits. 12 pièces.

881 — Molière, Racine, Boileau, Lafontaine, Sarrazin,
Voiture, Mme Deshoulières, Houdart de la
Mothe. Huit portraits gravés par Ingouf.

882 — Pierre et Thomas Corneille, J.-B. Rousseau,
J.-J. Rousseau, Fontenelle et Dorat. 8 portraits.

883 — Pascal, Helvetius, Ch. Palissot, De Nicolaï, le
comte de Cagliostro, Paul de Forges-Maillard.
6 portraits.

884 — Le Sage, La Bruyère, Scarron, Lafontaine, Flo-
rian, Boileau, Alexis Piron, Bernardin de Saint-
Pierre. Huit portraits.

885 — Pierre de Broussel, Charles du Moulin, Hugues
de Lionne, Servien, Colbert, Turgot, La Chalo-
tais, etc. 13 portraits de légistes.

886 — Retif de la Bretonne. Portrait sans aucune lettre. Rare.

887 — Olivier de Serre, Clotilde, Michel Le Tellier, N. Fouquet, Fr. Le Tellier, marquis de Louvois. Cinq pièces par Roger.

888 — P.-P. Riquet de Bonrepos.

889 — Julien Le Roy, horloger du roy, ancien directeur de la Société des Amis des arts, mort en 1759. *Moitte sculp.*, d'ap. Perroneau.

890 — Pierre Corneille, Ponce le Brun, l'abbé Delille, George Sand, Eugène Sue. 6 portraits.

891 — Fontenelle, J.-J. Barthelemy. Deux portraits, d'ap. Veiriot et Gounod, par Langlois. Epr. avant la lettre.

892 — Cinquante-cinq études de la tête de Voltaire, gravée à l'eau-forte. On lit dans la marge : *Tot capita, tot sensus,* d'après une étude de M. Huber.

893 — Les portraits de Voltaire, Fréron et de la Beaumelle, sur le titre des commentaires de la Henriade. *Berlin,* 1775. Marillier inv. *Aug. de Saint-Aubin f.*

894 — Voltaire, par Cathelin et Petit, d'après La Tour. Autre portrait, dessiné en 1764 par Danzel au château de Ferney.

895 — Le déjeûner de Ferney, dessiné d'après nature par Denon, le 4 juillet 1775. Le tombeau de Voltaire à Ferney. Deux vues du château de Ferney.

896 — Voltaire. Esquisse d'après nature, faite à Ferney
en 1769. Autre, Paris, 1678; et deux autres
dont un par Quenedey au physionotrace.
Quatre portraits.

897 — Voltaire, d'après de La Tour, en 1736. *Balechou
sc.*

— Voltaire, par Saint-Aubin. Tombe de Voltaire au
Panthéon. 4 pièces.

— Voltaire, d'ap. la Tour. *P.-G. Langlois, sc.* Epr.
avant la lettre.

898 — Couronnement de Voltaire au Théâtre-Français,
par Moreau le jeune. Epreuve d'eau-forte.
Rare.

899 — Arouet de Voltaire, peint par Gaüthier-Dagoty
fils, gravé par Gautier-Dagoty père. Epr. coloriée.

    Gilbert des Voisins. *Gautier d'Agoty fils
sculp.*

900 — Necker, directeur général des finances de
France. *Le Brun ad viuum delineavit.*

901 — Le Cœur de la nation, naissance du Dauphin
(Louis 17); Cimetière de la Magdeleine; Dernier compagnon de la captivité de Louis 17
dans la tour du Temple; Apothéose de Louis 16
et vœu des Français. Cinq pièces.

902 — J.-B. Clery, valet de chambre de Louis XVI,
d'après Danloux, par P. Audinet.

903 — Louis XVII, duc d'Enguien, prince de Condé, etc.
6 pièces.

904 — Le comte d'Artois; au bas quatre vers : *sujet
rebelle, homme sans foi,* etc. L.-P. d'Orléans,
guillotiné le 17 brumaire, l'an 2 de la Répu-

blique. On lit : *Infidèle aux tyrans, traître à la patrie.* Ces deux portraits sont très-rares.

905 — Duc d'Enghien, peint en 1793 ; deux portraits publiés en Angleterre ; un gravé par Cardon.

République, Consulat et Empire.

906 — Mirabeau en pied, gravé par E. Beisson, d'après J. Bosse, en 1789.

907 — Mirabeau, d'après Guérin, par Fisinger ; belle épreuve avant l'adresse de Renouard.
Le même, avec l'adresse de Jauffret.

908 — Bailly, maire de Paris en 1789. *Miger sc.* Dessiné par Boizot.

909 — Joseph Charlier, Fouquier-Tainville, Lepelletier, La Rochefoucauld, Bailly, etc. 27 portraits de députés à l'Assemblée nationale et à la Convention.

910 — Mirabeau, Malouet, Barnave, Lafayette, La Rochefoucauld-Liancourt, Montesquiou ; 27 portraits de l'Assemblée nationale en 1789 ; gravé par Fisinger.

911 — Jean-François Delacroix, président de l'Assemblée nationale, le 21 août 1792, et de la Convention le 5 octobre suivant ; gravé par Miger, d'après La Neuville.

912 — De Lubersac, Camus, l'abbé Longprés, Thibault, Clerget, Lally-Tolendal, Boissy-d'Anglas, Christophe Gerle, Genetet, Michel Lepelletier, l'abbé Maury ; onze portraits de membres de l'Assemblée nationale en 1789. De la suite de Levachez.

913 — J.-J. Guillotin, docteur médecin philantrope, dessiné par Moreau le jeune en 1685.

914 — J.-S. l'abbé Maury, prédicateur ordinaire du Roy, l'un des quarante de l'Académie. *Vérité sc.*, d'après Dagessi.

915 — Le Tourneur, élu à la première formation du Directoire de France, gravé par P. M. Alix; d'après Desoria.

916 — Lafayette, d'après Le Paon, par N. Lemire, épreuve avant la lettre.

917 — Moreau, général en chef de l'armée du Rhin, d'après Gérard, par Audouin; au bas une bataille, par Duplessis-Bertaux.

918 — Les généraux Bernadotte, Gouvion de Saint-Cyr, Regnier, Kleber, Lefevre, Lecourbe, Sainte-Suzanne, Massena, Lor Hood, vice-amiral. Neuf portraits d'après J. Guérin, gravés par G. Fisinger. Belles épreuves avant l'adresse de Renouard.

919 — Andreosy, Lefevre, Moreau, Lecourbe, Ferino, Kléber, Regnier, Gouvion de Saint-Cyr, Desaix, Massena. Dix portraits d'après Guérin, par Fisinger.

920 — Généraux de la République gravés par Fisinger. Neuf portraits.

921 — Thaddeus Kosciuszko, d'après J. Grassi, par G. Fisinger; belle épreuve avant l'adresse de Renouard.

922 — Kleber, général, représenté en pied. *P. M. Alix, sc.*, d'après A. Boilly.

923 — Généraux Kellerman, Monnier, Pichegru, Massena. Cinq portraits en pied d'après Hilaire Le Dru. — Berthier, Sebastiani, Lefevre, Ferino; en tout neuf pièces.

924 — Carier; Paoli peint et gravé en 1792. Trois portraits.

925 — Toussaint Louverture. On lit : *Tout saint en général ne fait pas miracle. Se vend au Cap.*

925 bis J. Blauw, ministre plénipotentiaire des provinces unies auprès de la République française. L. David pinx. *A. Tardieu scu.* 1796.

926 — Bonaparte à la bataille d'Arcole, le 27 brumaire an v, peint par Legros, gravé à Milan par Longhi, en 1798.

927 — Buonaparte, général en chef de l'armée d'Italie. *Alix sc.* Fragonard fils del. Rare.

928 — Napoléon, premier consul, vu en pied, gravé en manière noire, par Dickinson, d'après Gros.

929 — Bonaparte à la Malmaison ; dessiné par Isabey, gravé par Lingée et terminé par Godefroy. Belle épreuve avec l'adresse d'Isabey, aux galeries du Louvre.

930 — Napoléon le Grand au Mont Saint-Bernard. Ant. Gibert del. et incidit 1809, d'après David.

931 — Napoléon, premier consul, passant les Alpes, 1800. Napoléon consul, d'après Robert Lefevre, par Desnoyers, et deux autres portraits de Napoléon empereur. 4 pièces.

932 — Napoléon Ier, d'après J. Guérin, par Roger. Belle épreuve avec les premières adresses. On y a joint une vue de la Malmaison.

933 — Napoléon Ier, empereur, d'après J. Guérin, par
B. Roger.

Louis XVIII, d'après Parant, par B. Royer.

934 — Napoléon, tête laurée, dessinée par P. Bouillon
et gravée par R. U. Massard ; épreuve d'artiste avant la lettre. Rare.

935 — Napoléon gravé par Oleszeryuski ; autre portrait
avec la couronne de fer ; Joséphine ; ces deux
portraits gravés en Italie ; épreuve avant la
lettre. Marie-Louise, Cambacerès, Malouet, etc.
Sept portraits.

936 — Napoléon en pied, d'après David, 1812 ; par Laugier, 1835.

937 — Napoléon le Grand en costume du sacre, gravé
par A. B. Desnoyers, d'après Gérard, en 1805.
Belle épreuve avec l'aigle.

938 — Bonaparte, premier consul, par J.-B. Massard.
Napoléon, empereur ; Lœtitia Bonaparte, Marie-Louise, par Desnoyers ; la reine Hortense.
Six portraits.

939 — Eugène Napoléon, dessiné par Letronne, d'après
Stieber. Lith. par Maurin ; épreuve papier de
Chine.

940 — Marie-Louise, impératrice de France, gravé à
l'eau-forte par A. B. Desnoyers, d'après
Guérard.

941 — L'impératrice Joséphine, costume gravé par Audouin, d'après Isabey et Percier, pour le sacre
de Napoléon ; épreuve avant la lettre.

942 — Cambacerès, archi-chancelier de l'empire ; Le
Brun, archi-trésorier. Deux dessins coloriés.

943 — Oudinot, duc de Reggio, maréchal de France, d'après Robert Lefebvre, par M. Forster.

944 — Le maréchal Ney, prince de la Moskowa, maréchal de France, d'après Gérard, par A. Tardieu; belle épreuve; lettre grise.

945 — Le baron Vivant Denon, ancien directeur des musées impériaux; il est représenté en pied dan son cabinet. Lithographié par Mauzaisse et Camoin.

946 — Louise-Germaine Necker, baronne de Staël, d'après Gérard, par Laugier.

947 — La même, d'après Gérard, par Muller; épreuve avant la lettre.

948 — Ducis, membre de l'Institut, d'après Gérard, par Pradier. Le même, d'après Mme Gruard, par Avril, avec un fac-simile d'autographe. Chateaubriand, d'après Girodet, par Laugier.

949 — Bertholet, Delambre, Lavoisier, de l'Institut. Trois portraits.

950 — Cuvier, Daru, Brongniart, P.-N. Chantreau, Gaude. Six portraits.

951 — Forlenze, chirurgien-oculiste, d'après Vallin; gravé en couleur par Gautier; le docteur Galle, d'après Boilly, par Bourgeois de la Richardière.

952 — Louis XVIII en pied et en costume royal, 1819. Gérard pinxit; gravé par R. Urbain Massard.

953 — Louis XVIII, roi de France, beau portrait gravé par R. Urbain Massard, d'après Bouillon; épreuve d'artiste avant toute lettre. Rare.

954 — Louis XVIII, d'après Bouillon; monsieur comte d'Artois (depuis Charles X), d'après Saint; et

le duc de Berry, d'après Augustin ; trois portraits gravés par Audouin ; épreuves, lettre
grise.

955 — Duc d'Angoulême, d'après Bralle , Mme duchesse
d'Angoulême, d'après Dumont ; deux portraits
gravés par Audouin ; épreuves, lettre grise,
papier de Chine.

956 — La Duchesse d'Angoulême, d'après Augustin ,
par Lignon. Beau portrait.

957 — Charles-Ferdinand, duc de Berry, gravé par
Jazet, d'après C. Vernet, 1814.

958 — Charles X, dessiné et lithographié par Bouillon,
pour l'iconographie romaine de Mongez ; épr.
fixée sur vélin. Rare.

959 — Louis-Philippe Ier, roi des Français ; gravé par
Bein, d'après J. Guérin et Baltard.
Le vicomte de Chateaubriand , d'après Gi-
rodet, par Laugier.
De La Rochefoucauld-Liancourt , introduc-
teur de la vaccine en France, gravé par
Monsaldi.
Baron Cuvier, gravé par T. Doo en 1840,
d'après Pickersgill, 1831.
Guizot, Béranger ; deux portraits.

960 — Louis-Philippe Ier, d'après Dupré, par Lignon.
961 — Louis-Philippe Ier, roi des Français. A. Chena-
vard inv. Barre père et fils ; procédé d'Ach.
Collas.

962 — Louis-Philippe, duc d'Orléans, en costume de
hussard, d'après Gérard, par Lignon ; épreuve
avant toute lettre, sur papier de Chine.

963 — Ferdinand, duc d'Orléans, prince royal, dessiné et gravé par Dupont en 1830.

964 — Marie-Amélie, reine des Français ; Mme Adélaide, princesse d'Orléans ; Marie d'Orléans, reine des Belges ; visite de la duchesse d'Orléans à la reine Victoria ; la reine Victoria ; lord Aberdeen ; six portraits en pied d'après Winterhalter, par Skelton et Hopvood.

965 — Louise-Marie d'Orléans, reine des Belges, d'après Winterhalter, par Skelton et Hopwood ; épr. sur papier de Chine.

966 — Casimir Périer, gravé d'après H. Vernet, par Lefèvre ; épreuve avant la lettre, papier de Chine.

967 — Le général Foy, d'après Hersent, par Achille Lefèvre ; épreuve avant la lettre.

968 — Dumont, secrétaire de l'Académie des Beaux-Arts, d'après Ingres, 1830, par Leroux, 1835 ; épreuve avant la moustache et la décoration.

970 — Juste, prince de Croy, archevêque de Rouen ; le R. P. Dominique Lacordaire. Deux pièces.

971 — Le docteur Broussais. *Bonvoisin sc.*, d'après Duchesne. Ep. avant la lettre, pap. de Chine.

972 — Thevenet d'Antoine, dit le Turc. Portrait gravé à l'eau-forte.

PORTRAITS ET COSTUMES D'ACTEURS ET D'ACTRICES.

973 — Brigvelle et Trivelin, deux acteurs du théâtre de la Foire, sans nom de graveur qui est Rousselet. De l'impression de Mariette, rue Saint-Jacques, à l'Espérance. Très-belle épr. Rare.

974 — Joseph Tortori, dans le personnage de Scara-
mouche. A Paris, chez J. Mariette. Rare.

975 — Jodelet, Huret, inuentor. *Couuay fecit.*

976 — Turlupin. Huret, inuen. *Rousselet fecit.*

977 — Gros-Guillaume. Ep. rognée.

Ces trois personnages du théâtre de la foire. Ils sont rares.

978 — Latude Clairon, dans le rôle de Médée, gravé
par Beauvarlet, d'après C. Vanloo. Epr. avant
la lettre. Rare.

979 — Raymond Poisson, comédien, dans le rôle de
Crispin, gravé par G. Edelinck, d'ap. J. Netscher. 1er état avec l'adresse, *rue Saint-Jacques,
au Seraphin,* 1re demeure de G. Edelinck.

980 — Raimond Poisson, comédien. *G. Edelinck effi-
giem sculp.,* d'ap. J. Netscher.

981 — Débuts de Talma, peint et lithographié par Ducis, en 1844. Ep. pap. de Chine.

982 — Mlle Pelissier, du Theâtre Français, d'ap. Drouais,
par J. Daullé.

983 — Denis de Chanet Dessesart, jadis procureur, a
débuté à la Comédie française le 4 oct. 1772.
On lit au bas :

J'aime mieux faire rire les gens que les ruiner.

984 — Titre représentant une salle de spectacle pour
une suite d'estampes pour les comédies de Molière. Car. Coypel in. *F. Joullain sculp.* Dédié
au public en 1726.

985 — M. de Pourceaugnac, gravé par Joullain sur le
dessin de Coypel, en 1726.

986 — Adrienne Le Couvreur, par Drevet. Epr. rognée.
Scène de Richard Cœur-de-Lion, etc. 4 pièces.

987 — Mmes Duchesnois, Bourgouin, Leverd, Alex. Saint-Aubin, Duret Saint-Aubin, Pauline, Branchu, Catalani. Huit actrices des théâtres de Paris. Ep. coloriées.

988 — Les huit mêmes en noir.

989 — Mlle Mars, par Lignon; Mlle Bourgouin, Talma, par Aubert, d'ap. Hollier; Baptiste aîné, Ligier, et Mme Persiani, etc. 8 pièces.

990 — Marie-Elisabeth Joly, du Théâtre-Français, morte à 37 ans. Elle est représentée dans le costume de l'Anglaise du Conteur, gravé par Langlois. Ep. pap. de Chine.

991 — Hypolyte Clairon de Latude. *Littret del. et sc.*, d'après une médaille au revers de laquelle se lit : L'Amitié et Melpomène ont fait frapper cette médaille en 1764.

992 — Carlin Bertenazzi, comédien ordinaire du roy, gravé par Benoît.

993 — Brizard, dans le rôle du roy Léar, gravé par Avril, d'après Mme Guiard. Ep. rognée.

994 — Marie-Elisabeth Joly, du Théâtre-Français, morte à 37 ans en l'an VI, gravé par Langlois.

995 — Mlle Mars, de la Comédie-Française, d'après Gérard, par F. Lignon. Belle ép.

996 — Fr.-René Molé, de la Comédie-Française. C. Aubry pinx. A. *de Saint-Aubin sc.*

997 — Adrienne Lecouvreur, le 20 mars 1730, âge de 37 ans. *P. Drevet sc.* d'ap. Ch. Coypel.

998 — Joseph Le Gros, de l'Académie royale de musique, reçu en 1763. *Macret sc.*, d'ap. Leclerc.

999 — Joseph Dominique, à Boulogne, en Italie. *Habert sc.*, d'après Ferdinand. On lit au bas :

Bologne est ma patrie et Paris mon séjour,
J'y règne avec éclat sur la scène comique.
Harlequin sous le masque y cache Dominique,
Qui reforme en riant et le peuple et la cour.

1000 — Gretry, conduit par Caron aux Champs-Elysées, où l'attendent Voltaire, Rousseau, Buffon, etc. *Duplessi Bertaux aqua forti*, d'ap. Joly. Trait de bienfaisance ingénieuse d'Elleviou et Pradère. *Berthaux fec.*

1001 — Montmenil, Crepin, Fabio, Quinson, Pantalon, Romagnesi, Dangeville le père, Ermand, la Torillière le père, Du Chemin père. Dix acteurs de la Comédie française et de la Comédie italienne.

1002 — Scène d'arlequinade, par Gillot. Ep. avant la lettre. Rare.

1003 — Colombine, avocat pour et contre. *Gillot pinx. et sculp.*

1004 — Mlle Lescot, de la Comédie-Italienne, Talma, Trial et Clerval. 3 pièces.

1005 — Mlle La Chanterie, de l'Opéra. *Pierre fecit. Gilbert sc.* Impr. en rouge

1006 — Rosalie Duplant, reçue à l'Académie royale de musique en 1762. Leclerc del. *Elluin sc.*

— Jean-Louis Laruelle, comédien italien, reçu en 1762. Leclerc del. *Elluin sc.*

1007 — Académie royale de musique : Armide, Proserpine, Isis, le Triomphe de l'Amour, Ballet de la Jeunesse. 6 pièces, 5 avec *J. Berin* (sic) *in.* gravées par Le Pauttre, D. Marot, Dolivar, et la 6e F Chauveau in. et fecit 1674. Rares.

1008 — Junon, opéra. 7 pièces, I. Torelli in. Francart del. 3 gravées par F. Chauveau, et 4 par Silvestre, en 1654.

1009 — Apollon et les Muses agreent la dédicace d'un temple élevé par la ville de Bordeaux. Plafond de la salle de spectacle de Bordeaux, inventé et peint par J. Robin, gravé par Nic. Le Mire.

1010 — Les Noces de Thétis et de Pelée. S. Leclerc inv. C. Simonneau major sculp. Ep avant la lettre.

1011 — Mozart 1765, Spontini, Tulou. 3 portraits lithographiés.

1012 — J.-B. Lully, surintendant de la musique du roy. *Edelinck sc.*

1013 — Nic. Piccini, musicien. *L. Cathelin sc.*, d'ap. Robineau. On lit au bas :

> Avec une grace divine
> Tour-à-tour comique et touchant
> S'il est le Molière du chant,
> Il n'en est pas moins le Racine.

— Le même, d'ap. Bergeret, par N. Pauquet.

— Christophe Gluck, S.-C. Miger sc., d'ap. Duplessis.

— Antonio Sacchini, musicien, né le 13 may 1735. *L. Cathelin sc.*, d'ap. L. Jay.

1014 — André Campra, maitre de musique de la chapelle du roi. *N. Edelinck sculpsit.* Belle ép.

1015 — F. Paer, compositeur, dessiné et gravé au physionotrace par Quenedey.

1016 — De Lalande, musicien. *Thomassin sc.*, d'ap.
Santerre. On lit au bas :

Mortels, c'est de ce beau délire
Que sont nez parmi vous ces accords si touchants.
A deux diviñitez LALANDE doit ses chants :
Appollon le forma, c'est Louis qui l'inspire.

1017 — J.-Pil. Rameau, né à Dijon en 1683.

— Josephus Antonius Carlos os Seyxas, musicien-
compositeur, mort en 1742. *Daullé sc.*

— J.-H. d'Anglebert, ordinaire de la musique du
roy pour le clavecin. *C. Vermeulen sc.*, d'ap.
P. Mignard.

Grands Criminels.

1018 — J. Chevalier, dit Poulailler, adroit voleur com-
damné à etre pendu à la porte Saint-Antoine,
le 3 juillet 1786. — N. Sauvage, berger de
Poulaillier, son complice, d'après nature. 2 p.
anonymes à l'eau-forte. Elles sont coloriées.
Rares.

1019 — Le véritable portrait de Cartouche, tiré d'après
nature, étant dans sa prison.
— Louis Mandrin, dessiné tel qu'il a paru à la tête
de sa troupe en 1754.
— Derues, empoisonneur, exécuté le 6 mai 1777.
Pièce à l'eau-forte. Rare.

— Damiens dans sa prison.
— Fieschi, dit Gérard, âgé de 42 ans. 2 pièces
lithographiées.
— Paul Butterbrot, pesant 476 livres, âgé de 56
ans. On le voit au Palais-Royal.

Portraits de personnages étrangers.

1020 — *Alix.* Alexandre VII, créé pape en 1655.

1021 — William Pitt. *P.-M. Alix, sculp.*, d'ap. Ant. Hickel. Ep. coloriée. Rare.

1022 — Pie VIII, gravé par Aubert, d'après Chasselat. Ep. avant la lettre, papier de Chine.

1023 — Samuel Frisching, général de la république de Berne. *B. Audran sculp.*, 1713, d'après J. .Ruber.

   — Clément XIII, dessiné et gravé par B. Audran.

1024 — Alexandre Ier, empereur de Russie, d'après Bourdon, par Audouin. Ep., lettre grise.

1025 —, Hubert Golzius. *Edme de Boulonnois fe.*

   — Christophe Plantin. *E. de Boulonnois fecit.*

   — Claude de Saumaise, mort en 1658. *Boulonnois f.* On y a joint un fac-simile de son écriture.

   — Laurent Coster, Baltasar Moretvs, P. Bembo, cardinal, et J. Goropivs Becanvs. 7 portraits, 3 par N. Larmessin, 1 par Edme de Boulonnois.

1026 — Sujets allégoriques aux Pays-Bas, sous Albert et Isabelle, qui se voient assis à droite, et cinq médaillons avec les portraits de Maurice et Henri de Nassau, Spinola, et Ch. Busquoi, etc. *Helias Van den Bosseche, fecit.* P. Firens excudit. Rare.

1027 — Antoine Braun; Gaspard; comte de Pignoranda; comte de Trautmandorff; Cl. de Mesmes. 4 portraits des plénipotentiaires du traité de Munster, gravés par Bignon.

1028 — Ch.-Fran.-Joseph, archiduc d'Autriche, élu empereur le 12 oct. 1711. *Jean Bonnart ex.*

1029 — Le chevalier Marin. *Voicy d'un grand auteur une excellente image. J. Briot fecit, 1621. Ant. de Fer excud.* Belle épreuve.

1030 — Charles Ier, roy d'Angleterre. *F. Chauveau sc.* Rare.

1031 — Feste à Florence. A. S., inventor. *F. Collignon sculp.*

1032 — Rene, roi de Jerusalem. *J. Coelmans sc.* 1711.

— Ambroise-Ignace Spinola et Gusman, archevêque espagnol. *R. Collin sc.*, 1682. Belle ép. rognée du bas.

1033 — Marie Stuart, décapitée en 1587, à l'âge de 46 ans. Le fond de l'estampe représente son exécution. *J. Couvay sculp. et excud.* Rare.

1034 — Jean Curvo Semmedo, médecin espagnol. *M. Dossier sculp.*, 1716. Belle ép.

— Régnier de Graaf, médecin hollandais. Vatèle pinx. *G. Edelinck sculp.*, 2e état d'un joli portrait, coll. R. Duménil.

— Gottvaldt, médecin de Dantzick. Andr. Stech, pinx. *Edelinck sculp.*

— Curvo-Semmado, médecin portugais. Felix da Costa pinxit. *Edelinck sculp.* Belle ép. d'un portrait rare.

1035 — Jacques II, roy de la Grande-Bretagne, d'après Kneller. *Edelinck sculp.*

1036 — Joseph Ier, roi de Portugal en 1750, peint par Mme François et gravé par son époux. Très-belle ép. d'un portrait rare.

    — Jean Marin, d'après Vouet, par Greuter. Thomas Bicciardi, d'après Vouet, par P. de Jode. 2 pièces.

1037 — Petrus Francavilla, architecte florentin. *Jac. Bunel pinxit. P. de Jode fecit.*

1038 — Amédée II et Edouard Amédée V de Savoye, par Giffart, d'après Lange. 2 portraits.

    — Victor Amédée, duc de Savoie. *G. Tasnière sc.*, 1701, d'après F.-J.-D. Lange, del.

1039 — Sixte-Quint, pape. *Granthome fe., Gourdelle exc.*

1040 — Hipolyte d'Est, cardinal de Médicis, d'après le Titien, par Laugier,

1041 — Vrbain VIII, pape. *M. Lasne fec.*

1042 — Jacques III, roy d'Angleterre, d'après A.-S. Belle, par P. Le Roy. Rare.

1043 — Guillaume II, roi de Prusse, d'après Gérard, par Lignon. Ep. avant toute lettre.

1044 — Olivier Cromwel, représenté à cheval; dans le fond, la vue de la ville de Londres; au bas, les armes, six lignes de titres, etc. *F. Mazot excudit.* Portrait du temps; il est très-rare.

1045 — Marie-Thérèse, reine de Hongrie; peint à Vienne par Martin Meytens, gravé à Paris par Petit, en 1743.

    — Marie-Thérèse, impératrice d'Autriche, *Petit sc.*, 1743, d'après M. de Mytens, en 1742. Belle épreuve, mais rognée à l'ovale.

1046 — Jules II, pape. Epreuve avant toutes lettres. Leon X, pape. 2 pièces d'après Raphaël, par Morel.

1047 — Léopold-Guillaume, archiduc d'Autriche. Il est à cheval. A Paris, B. Montcornet.

— Philippe IV, roy d'Espagne. Il est à cheval. A Paris, B. Montcornet.

— Dom Pierre Devries, Espagnol, à l'âge de 40 ans. *N. Perey fecit.*

1048 — Alexandre VII, pape. *N. Pitau sculp., Parisys,* 1662, d'ap. P. Mignard. Romæ.

1049 — Charles-Gustave Wrangell. *N. Pitau sculpsit.*

1050 — Georges Ier, roi d'Angleterre, gravé par B. Picart.

— L'Electeur de Mayence. *Et. Picart. Rom^s fecit.* Belle ép.

— Clément XIII, pape en 1758. *N.-J.-B. de Poilly sculp.* 2 épreuves, 1re avec l'adresse de Poilly; 2e avec l'adresse de Daumont.

1051 — George Washington, né en Virginie en 1732. A Paris, chez A. de Saint-Aubin.

— Pierre-le-Grand, dessiné et gravé par Aug. de Saint-Aubin, en 1770.

— Ulrich Eléonore, reine de Suède. *C. Simmonneau sculpsit.*

1052 — D. Pedro de Menezes, marquez de Marialva, gravé par Pradier, d'après Madrazzo.

— Sacre de Jean 2 de Portugal. *Ph. Simonneau sc.,* d'ap. Hallé.

1053 — Alex. VII, pape. *Fr. Spierre sc.,* d'ap. I.-M. Morandi.

1054 — Christine, reine de Suède, d'ap. S. Bourdon, par A. Tardieu. Belle ép. avant la lettre.

— Christine, reine de Suède. *Lamothe exc. et ceuant chez Langot.* Belle ép. rare.

1055 — Stanislas-Auguste, roi de Pologne. *A. Tardieu sc.*, 1792. Joli petit portrait.

1056 — Francklin, d'après Duplessis, par Al. Tardieu. Ep. avant la lettre.

— Mazzeredo, officier de la marine espagnole, d'après Bellier, par A. Tardieu.

1057 — Dimitry, prince de Gallitzin, lieutenant-général des armées et chambellan de l'empereur des Russies. *J. Tardieu sc.*, d'après Drouais. Belle épreuve.

1058 — Alexandre VII, pape. P. Van Schuppen, 1661, d'ap. P. Mignard.

1059 — La reine d'Angleterre Victoria, d'après Winterhalter, par Tavernier. Ep. avant la lettre.

— La même reine, gravée par Hopwood.

1060 — Médailles frappées à l'étranger : de Charles XII, roi de Suède; Alexandre VII, pape; Charles II, roi d'Angleterre ; Jacques ; Léopold Ier; Martin Tromp, amiral, etc., etc. ; Sceaux, pierres gravées, etc. 39 pièces gravées par Bernard Picart.

1061 — Nicolas Copernic, dessiné et gravé par Dandeloux.

DESSINS

PORTRAITS FRANÇAIS AUX XVIᵉ, XVIIᵉ ET XVIIIᵉ SIÈCLES,

PAR DUMOUTIER ET AUTRES.

1062 — Le roy de Navarre, dessin à plusieurs crayons.

1063 — Le maréchal de Foy,   dito.

1064 — Le maréchal de ?   dito.

1065 — De Bulignon,   dito.

1066 — M. d'Estrosa,   dito.

1067 — Le maréchal de Biron,   dito.

1068 — Un seigneur du temps d'Henri II, au crayon et colorié. Dessin du temps, ce que nous indique la marque du papier.

1069 — Portrait d'homme. Beau dessin à plusieurs crayons, par Daniel Dumoutier.

1070 — M. de Candelossa,   dito.

1071 — Jacqueline de Beuille, maîtresse de Henri IV.

1072 — M. de Baucler, secrétaire d'Etat, 1624, dito.

1073 — La marquise de Verneuil, dessin au crayon légèrement colorié, par Dumoutier.

1074 — Anna d'Autriche, dessin au crayon et colorié par Dumoutier.

1076 — Le général Moreau, dessin au crayon noir par Audouin.

1077 — Oudinot, duc de Regio, maréchal de France, dessin au crayon, relevé de bistre et de blanc par H. Laurent, pour la gravure du nᵒ 944.

1078 — P.-Louis Dubus de Préville, de la Comédie-Française, dessin au crayon noir ; il a servi pour la gravure de Romanet.

1080 — Deux dessins coloriés du glaive ayant appartenu à François Ier, Charles-Quint et Napoléon ; ce dernier en a fait don à son frère cadet le prince Jérôme, roi de Westphalie. La poignée de ce glaive a été faite par Séraphino Bresciano, prédécesseur de Benvenuto Cellini, pour François Ier ; il reçut en récompense un collier d'or et le titre de chevalier. (*Rossi, folio* 513 ; *Rolandi, folio* 369.)

1081 — Sceaux de Jean de Bourgogne et de Bourdonnais. Comte de Clermont. 2 dessins.

1082 — Revue de la maison du roy au Trou d'Enfer, près Marly, en 1770, dessin à la plume lavé au bistre, par Le Paon.

1083 — Pierre Blouet de Camilly, de l'ordre de Malte, chef d'escadre, dessin à plusieurs crayons par R. Tourniers.

1084 — Albert de Gondy, duc de Retz, pair et maréchal de France, et Claude-Catherine de Clermont, sa femme ; Pierre, cardinal de Gondy. 3 très-jolis dessins dans des cadres gravés.

1085 — Philibert Ier, duc de Savoye. 1 dessin et la gravure.

1086 — Pourfour du Petit, Philippe, Chomel, Cl. Bourru, médecins ; le cardinal Tencin et l'abbé Barthélemy. En tout 7 dessins à la sanguine.

1087 — La Mi-Carême, Prêteur sur gage, les Joueurs de cartes. 3 dessins à la plume, vers 1800. Plus une gravure du tirage de la loterie.

SUPPLÉMENT

1088 Daret. Louis XIV, prince de Conty, duc de
Guise. L. de Vendôme, Hercule de Rohan, etc.
9 portraits.

1089 — Pierre d'Hozier, Le Tellier, Pomponne, Sainte-
Marthe, de l'Aubépine, Brulart, de Sillery, etc.
15 portraits, plusieurs par Frosne.

1090 — Cardinaux, archevêque et évêques. 18 portraits

1091 — Anne d'Autriche, Marie de la Chastre, Fran-
çoise de Lorraine, etc. Cinq portraits de femmes
célèbres.

1092 — Elisabeth d'Angleterre, femme du roi de Bo-
hême, Claude Médicis, archiduchesse de Tyrol,
Marie de Bourgogne, Isabelle-Claire, infante d'Espagne, Marie-Eléonore, reine de Suède. 5 portraits.
B. Montcornet ex.

1093 — Treize portraits des suites de Montcornet et
Daret.

1094 **Fiquet**. La Fontaine, d'après Rigaud, pour les
Contes, premier état, avant les filets autour du portrait (1), et avant que les mots *Jean de La Fontaine*
n'aient été enlevés. Très-rare.

(1) Une épreuve de cet état a été payée 135 francs à la vente de la
collection de M. H. Delasalle.

1095 — Boileau, épreuve très-rare, avant la lettre, non terminée.

1096 — J-B. Rousseau, Voltaire, Descartes, Eisen, Chenevière et J.-J. Rousseau. Six portraits, belles épreuves.

1097 Mme de Maintenon, Fénelon, La Mothe Le Vayer, Crébillon, J.-J. Rousseau et Cicéron. Six portraits, belles épreuves.

1098 Crébillon, Fénelon, Lamothe Le Vayer, et Mme de Maintenon. Trois portraits, belles épreuves.

1099 Montaigne, Corneille, Molière et Regnard. Quatre portraits, belles épreuves.

1100 L'Arioste ; il y a deux portraits, c'est le plus petit ; Cicéron, Vadé, Muret, Dortous de Mairan, Saugrain, libraire, Montaigne, La Mothe Le Vayer. Huit portraits, belles épreuves.

1101 Trente et un portraits gravés par Fiquet, pour les hommes illustres de Dreux du Radier. Belles épr. 21 sont du premier état, avec l'adresse d'Odieuvre.

1102 **Savart** (Pierre). Louis XIV, prince de Condé, Colbert, Catinat, Rabelais, Christian VII, roi de Danemarck ; La Bruyère, Nicolas de Livry ; deux épreuves, une première avec le bas-relief. Dix pièces belles épreuves.

1103 — Racine, Bayle et La Bruyère. Trois portraits.

1104 — Godefroy-Guillaume Leibnitz, Savart, 1768.

1105 **Demareenay.** Bayard, de Thou, Turenne, Villars, Maurice, comte de Saxe. Cinq portraits avant la lettre.

1106 Charles V, le chancelier l'Hôpital, Henri IV, Sully, le prince Eugène, Paoli. Six portraits, belles épr.

1107 — Charles V et Charles VII. Deux portraits, belles épreuves.

1108 — La Dame à la perle et le Vieillard à la toque, d'après Rembrandt, et deux têtes dont une d'après Van Dyck. Quatre pièces, belles épreuves.

1109 **Gaucher**. Racine, Buffon, Cervantes, le prince Henri, frère de Frédéric II, de Saint-Marc, de Baïf, Remy Belleau, J. Passerat, Gaucher de Sainte-Marthe. Neuf portraits gravés de 1767 à 1765.

1110 **Saint-Aubin**. Racine, Molière, Corneille, Charle le Brun, Louis XV, Ovide, Homère, Gluck et Voltaire. Dix portraits.

1111 — Arioste, Agnès Sorel, Bossuet, Molière, Vertot, Racine, Boileau, Corneille, Piron, Beaumarchais, Pascal, etc., etc. 27 portraits in-8° par des graveurs modernes, d'après divers maîtres. Belles épreuves avant la lettre d'artistes.

1112 **Nilson** (J.-E.). Louis XV, Louis XVI et Marie-Antoinette, dauphin et dauphine ; la situation de la Pologne en 1772, et les souverains, princes et princesses de toutes les cours souveraines, vers 1760. 90 portraits entourés d'ornements rocailles et de figures allégoriques. Suite rare.

1113 Environ 350 portraits et sujets pour une biographie des hommes illustres, in-8. Six lots.

1114 Sang des Bourbons : Louis XIV, ses ministres, ses maîtresses, etc. 40 portraits gravés par B. Roger. Épr. avant la lettre. Pap. de Chine.

1115 Tous les articles omis.

La Vente de la 3e partie de cette Collection aura lieu dans le courant d'Avril; elle comprendra les Estampes et Dessins concernant l'Architecture et l'Ornement.

Imprimerie Renou et Maulde,